Diccionario básico de Ciencia Política

DICCIONARIOS BÁSICOS

La Bisagra | Buenos Aires | 2013

Fau, Mauricio Enrique
   Diccionario básico de ciencia política. - 1a ed. - Buenos Aires : La Bisagra Editorial, 2013.
   128 p. ; 17x11 cm. - (Diccionarios básicos / Mauricio Enrique Fau; 9)

   ISBN 978-987-1719-38-9

   1. Ciencias Políticas. 2. Diccionarios. I. Título
   CDD 320

Fecha de catalogación: 06/02/2013

Colección Diccionarios Básicos
Director de la colección › Lic. Mauricio E. Fau

Mauricio Fau se graduó en la Licenciatura en Ciencia Política en la Universidad de Buenos Aires, UBA. Cursó también estudios de grado en la Carrera de Derecho de la UBA y en la Carrera de Periodismo de la Universidad de Morón.

Asimismo realizó materias de posgrado de la Maestría en Ciencias Sociales con especialización en Ciencia Política de la Facultad Latinoamericana de Ciencias Sociales, FLACSO.

Asistió a diversos talleres y seminarios en instituciones educativas, entre ellas el Instituto Argentino de Desarrollo Económico, IADE.

Representando a FLACSO participó con una ponencia en las Jornadas Nacionales Nietzsche 1994 y su exposición forma parte del libro alusivo, editado por la Editorial Universitaria de Buenos Aires, EUDEBA. Ha colaborado también con publicaciones vinculadas a las Ciencias Sociales y co-dirigió programas radiales de temática histórico-política.

Profesionalmente, se desempeñó como docente de la Carrera de Ciencia Política de la UBA y actualmente es Director Académico de La Bisagra Editorial y autor de numerosos libros de temática universitaria.

Derechos exclusivos ©2013, La Bisagra Editorial.
Tonelero 5971, CP 1408, CABA, 4642-3802.
Salón de ventas: Librería TODO CBC, Viamonte 2011, CABA.
Impreso en Arieimpresores, Mariano Acha 2415 (1430), C.A.B.A., en el mes de marzo de 2013.

1° impresión en esta colección: 500.
Hecho el depósito que prevé la ley 11.723
Impreso en Argentina

Diseño de tapa e interior: María Eugenia Vigna
Ilustración de tapa: Leandro Fernández Fau

Escribo para que la muerte no tenga la última palabra.

Odysseus Elytis, poeta griego

DATOS BIOGRÁFICOS

DEL AUTOR

Mauricio Fau se graduó en la Licenciatura en Ciencia Política en la Universidad de Buenos Aires, UBA.

Cursó también estudios de grado en la Carrera de Derecho de la UBA y en la Carrera de Periodismo de la Universidad de Morón.

Asimismo realizó materias de posgrado de la Maestría en Ciencias Sociales con especialización en Ciencia Política de la Facultad Latinoamericana de Ciencias Sociales, FLACSO.

Asistió a diversos talleres y seminarios en instituciones educativas, entre ellas el Instituto Argentino de Desarrollo Económico, IADE.

Representando a FLACSO participó con una ponencia en las Jornadas Nacionales Nietzsche 1994 y su exposición forma parte del libro alusivo, editado por la Editorial Universitaria de Buenos Aires, EUDEBA.

Ha colaborado también con publicaciones vinculadas a las Ciencias Sociales y co-dirigió programas radiales de temática histórico-política.

Profesionalmente, se desempeñó como docente de la Carrera de Ciencia Política de la UBA y actualmente es Director del Departamento Académico de la firma Soluciones Universitarias, especializada en la elaboración de materiales didácticos para el ingreso a la Universidad.

PREFACIO

Elaborar este diccionario –y los demás que forman la colección de Diccionarios Básicos– ha sido una tarea ardua e intensa, pero muy satisfactoria.

Las miles de horas dedicadas al trabajo se ven recompensadas por la convicción de que el lector encontrará un material realmente valioso, realizado con la mayor seriedad.

En lo personal, me ha sido de suma utilidad el verme ante el desafío de elaborar un contenido que incluya las más diversas manifestaciones del pensamiento, con la convicción de que es desde el conocimiento de lo diverso como se constituyen las propias ideas.

Sin caer en un eclecticismo vacío ni oportunista, la legítima aspiración a la objetividad científica se topa indefectiblemente con la toma de posición, la cual –a la inversa– es puesta en cuestionamiento, es interpelada, por ideas diferentes e incluso antagónicas.

Estoy convencido de que la verdadera libertad del hombre pasa, no por una pretendida objetividad dogmática, sino por la posibilidad de tener acceso a todas las voces, a todos los discursos, a todos los conflictos. Sólo de ese modo –es decir conociendo perfectamente aquellas ideas que no son las nuestras– podremos realmente elegir de un modo no dogmático las propias.

La vieja idea ilustrada del enciclopedismo mantiene su vigencia. El objetivo de este Diccionario es aportar un granito de arena en la titánica lucha por la liberación humana de toda forma de opresión.

Si por intermedio de este libro el lector logra aprender y aprehender algo más de lo que ya sabía. O mejor, si se topa con ideas que contradicen las suyas hasta hacerlas tambalear. Si se produce esa *sacudida*, entonces el objetivo estará cumplido. Las grandes revoluciones de la historia requieren tanto de una transformación social material como de un cambio en la cabeza de sus protagonistas.

El autor

CARACTERÍSTICAS
DEL DICCIONARIO

• Los términos más utilizados en el ámbito universitario

• Explicación breve, pero precisa y completa

• Definiciones basadas en la bibliografía propuesta en los programas de las materias del Ciclo Básico Común de la Universidad de Buenos Aires (CBC), el sistema a distancia UBA XXI y otros de diversos universidades públicas y privadas

• Gran cantidad de remisiones, para que el lector encuentre el término que busca

• Referencias cruzadas destacadas que permiten pasar de una definición a otra vinculada y así sucesivamente. Así, partiendo de cualquier definición del Diccionario es posible recorrer diversas rutas: el conjunto de una teoría, cotejar teorías diferentes, asociar y agrupar términos, recorrer la obra completa de un autor por medio de sus conceptos claves

• Contextualización rápida: en las entradas referentes a personajes históricos y pensadores, inmediatamente después del apellido y nombres se ofrecen datos como la fecha de nacimiento y muerte, nacionalidad, profesión, etc

• Términos no unívocos: en el caso de las entradas cuyas definiciones dependen de la teoría en la que se encuadren, esto se aclara
específicamente. Esto es útil a los lectores para comparar y advertir
la diversidad ideológica que tienen muchos términos, reforzando el
espíritu pluralista y crítico, reconociendo las cargas ideológicas diferentes y hasta opuestas

• Obras claves: libros fundamentales con su autor y fecha en el que
fueron escritos. Este recurso resulta muy útil para comenzar a leer
un libro ya que permite contextualizarlo (con la época y el lugar en
que se hizo) y ver sus ideas principales

• Términos clave de un autor: se trata de términos pertenecientes o
muy ligados a un autor en particular

• Inicial: en la definición se utiliza la inicial de la entrada en cuestión

• Ejemplos: cada vez que lo hemos considerado necesario se han
introducido ejemplos aclaratorios

• Letras Ch y Ll: de acuerdo con las recomendaciones de la Asociación de Academias de la Lengua Española para los diccionarios, las
letras ch y ll no figuran en forma independiente sino que aparecen
en el orden correspondiente dentro de la c y la l respectivamente

• Términos de otras lenguas: las palabras pertenecientes a lenguas
distintas del español son presentadas en letra cursiva

• Bibliografía: al final del Diccionario, el lector hallará una bibliografía cuidadosamente seleccionada que constituye una verdadera
biblioteca esencial de cada disciplina

A

Abdicar: Renunciar a un cargo por propia voluntad. Refiere especialmente al **Rey** que deja voluntariamente su corona. En cambio, si un Rey es derrocado contra su voluntad, no es correcto hablar de abdicación sino de **golpe de Estado** o **revolución**, según el caso.

Abjurar: Renunciar a ideas o creencias mantenidas anteriormente.

Abolir: Anular o suprimir una **ley** o **costumbre**.

Abrogar: Dejar sin efecto la fuerza obligatoria de una **norma** o **ley**. **Derogar** no es lo mismo que A: la **derogación** implica dejar sin efecto sólo una parte de una norma o ley y no el conjunto.

Absolutismo (Europa, siglos XVI-XVIII): Régimen político donde todos los poderes se concentran en el **Estado** y en manos de una sola persona u órgano, sin ninguna limitación. Refiere en particular a la **monarquía absoluta** (ver), en la que el soberano –sobre la base de una **legitimidad** de origen divino- ejerce el **poder** en forma ilimitada y sin separación de poderes, tomando las decisiones en forma arbitraria y sin ningún **derecho** para los súbditos. Ligado al surgimiento del **Estado moderno**, el A se hizo fuerte en la **Baja Edad Media** como respuesta a la dispersión del poder propia del **feudalismo**. Aunque surgió en el siglo XV en Europa, el A tuvo su período de **auge** en los siglos XVII y XVIII, consolidando una autoridad centralizada y debilitando el poder de la **nobleza feudal** y de la **Iglesia**. El debilitamiento de los **señores feudales** fue acentuado por la creciente consolidación de **Estados-Nación**. Éstos, en un primer momento eran monarquías absolutas que -necesitadas de recursos para abastecer a sus **ejércitos**- comenzaron a centralizar el cobro de **impuestos**, quitándole su control a la **aristocracia** y expoliando al **pueblo**. El **mercantilismo** fue la **teoría** económica de los Estados absolutistas. Todo este proceso fue alentado por el fin de las invasiones (aproximadamente en el siglo XII), el crecimiento demográfico, el desarrollo del **comercio** y la mayor circulación de la **moneda**. También fue importante el reestablecimiento de un sistema jurídico basado en el **Derecho Romano**, con fuerte acento en la defensa de la **propiedad privada**. Esto último será clave para el fortalecimiento de la naciente **burguesía**, que en un primer momento se desarrollará como **clase** mercantilista, para más adelante volcarse de lleno a la **producción**. El **Estado absolutista** y los **mercaderes capitalistas** establecieron una alianza para desarrollar el **comercio**. Como monarcas absolutos se destacaron el **Borbón Luis XIV** –el *Ancien Régime* previo a la **Revolución Francesa** es un caso paradigmático de A, aunque cabe mencionar también al llamado "**despotismo ilustrado**" del siglo XVIII-, Federico el Grande y José II. En **Inglaterra**, el A de los primeros **Estuardo** (Jacobo I planteó la **doctrina** del derecho divino de los Reyes) llevó a las **revoluciones** antiabsolutistas del siglo XVII. En **España**, el Rey **Habsburgo Carlos I** fue quien inició el A. En el plano teórico, se destacan como representantes del pensamiento absolutista Jean **Bodin**, Jacques Bossuet (1627-1704) y Thomas **Hobbes**.

Abstención: En una votación, la A es aquel voto que no toma partido por ninguna de las alternativas en pugna. Se abstiene aquel que no adhiere a una propuesta pero que tampoco encuentra motivos suficientes como para votar en contra de la misma.

Acción directa: Forma de protesta que enfrenta al **poder** institucional, apelando a diversos modos de uso de la fuerza. Práctica clave del **sindicalismo revolucionario** de comienzos del siglo XX, también fue muy utilizada por los **anarquistas** y los **marxistas**. Ejemplos: **huelga general**, cortes de ruta, **piquetes**, tomas de **fábricas**. La AD implica acciones que consiguen resultados inmediatos o a corto plazo, modificando una situación establecida.

Accountability: Expresión inglesa de difícil traducción. Es la responsabilidad que cada miembro de la **sociedad** debe asumir a partir de sus propias acciones. La *A* también supone una cierta previsibilidad en cuanto a qué esperar. La presencia de *A* en una sociedad indica la existencia de premios y castigos. En el caso de los gobernantes se habla de la existencia o no de *A* vertical y cuando se refiere a los gobernados se habla de *A* horizontal.

Ácrata: Anarquista.

Activista: Militante. Aquel cuyas acciones están regidas por ideales o intereses políticos o sociales.

Adaptación: En la **Teoría de Sistemas**, transformación de un **sistema** según nuevas situaciones. También, adecuación a un nuevo contexto con el fin de sobrevivir (por ejemplo, de un **individuo** que ingresa en una **cultura** diferente a la propia).

Administración pública: Conjunto de organismos estatales que se encargan de la administración del **Estado**.

Agencia política: Expresión proveniente de la **Ciencia Política** de *raigambre* **socialdemócrata**, que hace referencia a los **actores** políticos individuales y colectivos que accionan en una **estructura** de relaciones sociales históricamente determinada, con el fin de imponer sus intereses, mejorar su posición en la **estructura social** o transformarla.

Agenda: Lista de temas prioritarios –o *"issues"*- para un organismo político.

Agitación: El término fue planteado por **Plejánov** y desarrollado por **Lenin**. La A implica presentar unas pocas ideas -básicas y con consignas breves y claras- a un gran número de personas, por lo general en forma oral. Opuesto: **propaganda**.

Agustinismo: Doctrina teológica y filosófica de **San Agustín** que plantea que el hombre sólo hace lo bueno cuando orienta su libre voluntad a Dios y por tanto es iluminado por la gracia divina y que –de lo contrario- cae en la perdición llevado por el pecado. De raíz neo-**platónica**, sostiene que las ideas se producen en la mente a partir de las **percepciones** sensoriales. El A fue el pensamiento dominante en la **Edad Media**, hasta el siglo XII, cuando comenzó a recibir críticas del **tomismo**.

Althusser, Louis (1918-1990): Filósofo francés, nacido en Argelia. **Marxista estructuralista**, planteó el predominio de las **estructuras** económicas, sociales y políticas por sobre la iniciativa de los **individuos** para transformar la **sociedad**. De hecho, son esas estructuras las que constituyen a los sujetos y los convierten en agentes del **sistema**. Creador de la categoría de los **"aparatos ideológicos del Estado"** (ver).

Ambiente: En la **teoría general de sistemas**, el A es lo que rodea al **sistema**, su **entorno** o mundo circundante.

Amnistía: Anulación estatal de la responsabilidad penal de los culpables de **delitos** por razones políticas, sancionada por el **Poder Legislativo**. En la **Constitución Nacional** figura en el artículo 75, inciso 20.

Anarquía: Ausencia total de **gobierno**. También se habla de A en situaciones de debilidad extrema de un gobierno, donde se produce una situación de caos y de vacío de **poder**.

Anarquismo (fines del siglo XVIII →): Doctrina política que aspira a la eliminación de la **propiedad privada** de los **medios de producción** y a una sociedad sin **clases** y sin **Estado.** El A surgió en Europa a mediados del siglo XIX, postulando la **revolución social** de los **obreros** a través de la **acción directa**, los **sindicatos** y la **huelga general.** A diferencia del **marxismo**, el A se opone a la formación de un **partido obrero** que tome el **poder**, ya que rechaza la **dictadura del proletariado**. Entre sus principales representantes están Pierre **Proudhon** –que postulaba una variante no violenta–, Max **Stirner** (A individualista), Mijail **Bakunin** (anarco-colectivismo) y P. **Kropotkin** (anarco-comunismo).

Anátomopolítica (Michel Foucault): Forma de **disciplina** consistente en una tecnología de **poder** sobre el cuerpo individual, o las marcas que la aplicación del **poder disciplinario** deja en el cuerpo. La disciplina militar del soldado es el ejemplo clásico. **Foucault** sostiene que sobre ese modelo se erigieron las formas de control en la escuela y en la **fábrica**.

Anexión: Apropiación de un **Estado** o territorio por parte de otro.

Aparato: Conjunto de la **estructura** y organización de un **partido político** que incluye desde sus **activistas** y su capacidad de movilización hasta los locales que utiliza y los recursos que pueda tener para imprimir volantes o para llevar adelante cualquier tipo de campaña política.

Aparatos de Estado: Conjunto de **instituciones** del **Estado**. Forman parte del AE la justicia, el **Parlamento**, el **Poder Ejecutivo**, las **fuerzas armadas**, la **burocracia**, etc.

Aparatos ideológicos del Estado (Louis Althusser): Parte de la **superestructura** –llamada superestructura ideológica– de una **sociedad** determinada, encargada de garantizar el **consenso** de las **clases** dominadas en apoyo del **modo de producción** imperante. Los AIE están formados por **instituciones** especializadas en mantener a los **sujetos** obedientes y sumisos frente al sistema de **dominación**, en forma voluntaria. A diferencia de los **aparatos represivos**, los AIE son numerosos, están dispersos en la sociedad, los hay **públicos** y **privados** y en ellos la violencia está solapada. Lo que unifica a todos los AIE es el hecho de estar manejados por la **ideología** de la **clase dominante**. Desde un análisis **marxista estructuralista**, **Althusser** relata cómo históricamente, en el **modo de producción feudal**, el AIE dominante era el religioso: éste "convencía" a los súbditos de que su situación era la "voluntad de Dios", lo cual justificaba y aseguraba la **explotación** de los sectores dominantes (**nobleza feudal** y **clero**) sobre los explotados (**servidumbre**). El AIE religioso era el más importante (junto con el familiar) en la función de reproducir las **relaciones de**

producción (feudales). Hoy, bajo el **capitalismo**, el AIE religioso -sin dejar de ser importante- ha sido desplazado por el AIE escolar; como plantea Althusser "...ningún AIE dispone durante tantos años de la audiencia obligatoria (y, por si fuera poco gratuita...), cinco a seis días sobre siete a razón de ocho horas diarias, de formación social capitalista." La escuela "enseña" (a los futuros **obreros**) a "obedecer" o (a los futuros capitalistas) a saber "hacerse respetar". Nos enseña -no la verdad sobre la **moral**, la **política**, la **historia**, las **ciencias naturales** y exactas- sino la visión que tiene la clase dominante sobre esos temas, ya que es la ideología de la **burguesía** la que aprendemos en el AIE escuela. Si a pesar de todo, la ideología dominante no puede "engañar" a todos, es decir, si algunos comienzan a cuestionar el orden establecido (por ejemplo, si los **trabajadores** hacen **huelgas** o **piquetes** contra el capitalismo, o aparecen **partidos** marxistas fuertes o una **cultura** alternativa, etc.) aparece la otra pata del **poder**: los aparatos represivos del Estado.

Aparatos represivos del Estado (Louis Althusser): Parte de la **superestructura** –llamada superestructura jurídico-política- de una **sociedad** determinada, encargada de garantizar el orden social dominante a través de la violencia y la **represión**. En los ARE se encuentran el **aparato de Estado** y sus **instituciones** represivas, basadas en la **coerción**: las **fuerzas armadas**, la policía, los tribunales y **leyes**. A diferencia de los **aparatos ideológicos**, los ARE son un único cuerpo centralizado, de carácter **público** y donde predomina la violencia por sobre la **ideología**. Según **Althusser**, tanto la represión como la ideología tienen el mismo objetivo: reproducir las **relaciones de producción** existentes, de modo que la

clase dominante lo siga siendo y la clase dominada también, garantizando así la situación privilegiada de la primera.

Arbitraje: Intervención que dos o más naciones en conflicto solicitan a otro **Estado**, tribunal internacional o personalidad para que tome una decisión, llamada **laudo arbitral**. Se aplica también a la mediación que interviene en los conflictos entre **trabajadores** y **empleadores**.

Arendt, Hannah (1906-1975): Filósofa alemana. Afincada en **EE.UU.**, se especializó en el análisis de las causas del **totalitarismo**, especialmente en el **nazismo** y el **stalinismo**. En *Los orígenes del totalitarismo* (1951), rastreó los orígenes de ese **fenómeno** en el **antisemitismo** y el **imperialismo** del siglo XIX. Recibió influencias de M. **Heidegger** y K. **Jaspers** y escribió también *La condición humana* (1958).

Aristocracia: Según la clasificación de **Aristóteles**, **gobierno** de unos pocos, **Estado** regido por los mejores, por la gente virtuosa, que gobierna para el **bien común**. Es una de las tres formas puras de gobierno, junto con la **monarquía** y la **república**. Su característica es la **virtud**. La combinación de virtud, libertad y riqueza, forma la A. Ejemplos: las **ciudades-estado** griegas de los siglos VII y VI a.C. y la **Roma** republicana. Su forma impura o deformada es la **oligarquía**. Sociológicamente hablando, a diferencia de la **nobleza**, la A no tiene privilegios establecidos jurídicamente. Mientras que la continuidad hereditaria es propia de la aquella, la cualidad de pertenecer a los "mejores" –característica de la A- no puede ser transmitida hereditariamente (aunque hay quienes hablan de una A por **adscripción**). Y a diferencia de la A, la **oligarquía** es el gobierno de unos pocos, los más poderosos, sin la condición de que sean los mejores.

Aristóteles (384-322 a.C.): Filósofo griego, discípulo de **Platón**, que creó una forma más moderada de **realismo** que la de su maestro, conciliando con el **empirismo**, en oposición a la **especulación** pura platónica. Para A, las ideas están vinculadas a las cosas materiales ("ver para creer"). Defendió al **Estado** o *Polis* como forma superior, basada en la unión de varias **familias** en aldeas, unidas a su vez en el Estado, lugar de la convivencia, **sociedad** perfecta y autosuficiente. Clasificó las formas de **gobierno** en tres buenas o puras (**monarquía**, **aristocracia** y **república**), que tienden al **bien común**, y tres malas o impuras, deformaciones de las buenas (**tiranía**, **oligarquía** y **demagogia**). Principales obras: *Organon* (escritos lógicos), *Ética Nicomaquea* y *Política*.

Asamblea: Reunión numerosa realizada para deliberar tomar decisiones. Históricamente, fue utilizada en Grecia (*Polis*) y **Roma** (**Senado**) antiguas, en la **Edad Media** (por ejemplo, para fijar **impuestos**) y en la **Modernidad** (por ejemplo, los **Estados Generales** en **Francia** o los *soviets* rusos).

Asamblea constituyente: Autoridad superior facultada para crear o modificar una **Constitución**. En la **Constitución Nacional** la AC está reglada por el artículo 30.

Asamblea Legislativa: Reunión unificada especial de ambas **cámaras** legislativas – **Diputados** y **Senadores**-. Así, la **Constitución Nacional** establece que debe reunirse la AL para que el **Presidente** y el **Vicepresidente** de la **Nación** presten juramento, para aceptar o rechazar su renuncia, o en el momento de la apertura anual de las sesiones del **Parlamento**.

Asambleas populares: El término hace referencia a una forma de organización de **democracia directa** consistente en la reunión periódica de personas (vecinos de un barrio, **trabajadores**, desocupados, estudiantes, jubilados, profesionales, comerciantes, etc) con el fin de deliberar y tomar resoluciones ejecutivas en temas referentes a cuestiones de la **política** local, regional y/o nacional. Más allá de las diferencias en los ejemplos históricos, la existencia de este tipo de deliberación popular no representativa implica un rechazo y una amenaza en relación con el **régimen político** representativo formal.

Asistencialismo: Ayuda social del **Estado** hacia los **individuos** que éste determine o defina como **pobres**. También realizan prácticas asistencialistas organizaciones de la **sociedad civil**, como la **Iglesia** o las **ONG'S**. Sus detractores acusan al A de funcional al **sistema** de **dominación** imperante, operando como un paliativo justificatorio.

Asociación: Según la **Sociología comprensiva**, hay A cuando lo que motiva una **acción social** son los intereses racionales (de fines o de **valores**) del **individuo**. Los agrupamientos más diversos formados por los hombres son ejemplos de A. El **Estado** es la A política por excelencia.

Asociación (Ferdinand Tönnies): Agrupamiento voluntario, racional y artificial entre **individuos** para obtener objetivos comunes. Opuesto: **comunidad**.

Asociación estamentalmente estructurada (Max Weber): Tipo de **asociación política** en la que los medios de administración son **propiedad** del **cuadro administrativo** dependiente. Por ejemplo, la asociación **feudal**, donde el **poder** del **señor** se basaba sólo en el vínculo de lealtad personal. Opuesto: **asociación no estamentalmente estructurada**.

Asociación no estamentalmente estructurada (Max Weber): Tipo de **asociación política** donde el señor –que es quien manda– se apoya en domésticos o **plebeyos**, en **grupos** sociales desposeídos de **bienes** y de un honor social propio, enteramente ligados a él en lo material y sin base para crear un **poder** propio. Ejemplo: **dominación patriarcal** y **patrimonial**, sultanismo y **Estado** burocrático.

Asociación política (Max Weber): Asociación de **dominación** en que la existencia y validez de sus regulaciones (**normas**) están aseguradas en un área geográfica dada, de manera continua, por la amenaza y el ejercicio de la fuerza física por parte de un **cuadro administrativo**.

Asociaciones de interés: Grupos de interés no oficiales (por ejemplo, **empresarios**, **sindicatos**, **Iglesia**, etc) y todo tipo de **instituciones** no gubernamentales (sociedades civiles, cámaras, ligas, movimientos, uniones, **cooperativas**, etc). Se diferencian, en este sentido, de los **partidos políticos**, que actúan en el marco institucional. Las AI son grupos sociales que se organizan y actúan con fines económicos o de otra índole, buscando influir en las decisiones del **poder** político. Están fuera del **gobierno** y los partidos. Por ello, no son AI las **FF.AA.** y la **burocracia**. Las opiniones se dividen en cuanto a si las AI se identifican con los **grupos de presión**: M. Duverger dice que sí, influido por la práctica de **EE.UU.**, mientras que K. von Beyme,

desde la experiencia del **neocorporativismo** alemán, los define en forma separada, prefiriendo hablar de **grupos de interés** o AI, por un lado, y grupos de presión, por el otro.

Asociaciones intermedias: Organizaciones de la **sociedad** que median entre los **individuos** y el Estado. La **teoría pluralista** las considera base de las libertades y la **democracia**.

Asonada: Rebelión.

Atomización (Giovanni Sartori): Sistema de **partidos** con un número de **partidos políticos** relevantes superior a un máximo que otorgue estabilidad al mismo.

Atributos de la estatidad (Oscar Oszlak): Todo **Estado** requiere de cuatro **atributos** o supuestos para ser definido como tal: 1- Capacidad del Estado de externalizar su **poder** (**soberanía**), es decir el reconocimiento de otros Estados, 2- Capacidad de institucionalizar su **autoridad** (**Ejército único**), lo que implica el **monopolio legítimo de la fuerza** hacia el interior de la **sociedad**, 3- Capacidad de diferenciar su control (**burocracia-impuestos**), o sea poner en claro que es él y no otro el que controla lo **público** y, 4- Capacidad del Estado de internalizar una identidad colectiva (**símbolos**-sentimientos), forjando la idea de nacionalidad, **patria**, etc.

Audiencia pública: Reunión **pública** convocada por el **Estado** –nacional, provincial o municipal– con el fin de recabar opiniones de la **comunidad** sobre diversas cuestiones. En general, sus resoluciones no son de carácter obligatorio sino orientativo.

Autocracia: Régimen político en el que la

voluntad de un **individuo** es **soberana**, por encima del **pueblo** y donde no existen controles sobre sus decisiones. Son ejemplos de A la **monarquía absoluta**, la **tiranía** y la **dictadura**.

Autocrático: Que se basa en la **autocracia**.

Autodeterminación: Principio jurídico-político que establece el **derecho** de los **pueblos** a autogobernarse.

Autogobierno de los productores (Karl Marx): Término con el que **Marx** refiere a la etapa de la **sociedad comunista**, en la que los productores de la riqueza al mismo tiempo administran la **sociedad**, sin la existencia de un organismo separado de ésta –el **Estado**-. El ADLP sólo es posible, plantea Marx, con la desaparición de la **propiedad privada** de los **medios de producción**, y con ella, de las **clases sociales** y el Estado.

Autonomía: Dícese del **pueblo** que se gobierna y se da sus propias **leyes** sin depender de otros. **Estado** o **Nación** que disfruta de total independencia, siendo un concepto de mayor alcance que la **autarquía**. La A es propia de **municipios**, provincias o regiones que administran sus riquezas y establecen su propio orden. Opuesto: **heteronomía**.

Autoritarismo: En la **teoría de la democracia**, existe una postura muy general que define a los regímenes autoritarios en oposición a los regímenes democráticos. En este marco, la característica principal del A sería la abolición del **Parlamento** y del sistema de **elecciones** populares. Junto con ello, se observa también un bajo nivel de **autonomía** de los **subsistemas** políticos, como los **sindicatos**, los parti-

dos de oposición, etc, llegando en algunos casos a su supresión. También hay casos de A donde las prácticas políticas autoritarias se enmascaran tras la fachada de **instituciones** democráticas. Este sería el caso, por ejemplo, de **Bismarck** en **Alemania**. Según Loewenstein, el A se diferencia del **totalitarismo** en que el primero se limita al control político del **Estado** sin tener pretensiones de dominar la totalidad de la vida social. Linz sostiene que el A no pretende como el totalitarismo controlar absolutamente a la **sociedad civil**, tolera cierto **pluralismo** político, aunque desalienta la movilización de las **masas** y carece de **ideologías** y liderazgos fuertes (Linz ubica entre los ejemplos a la **dictadura** brasileña de 1964-1985 y al **Proceso de Reorganización Nacional** argentino). El A se distingue también del **despotismo**: mientras que éste no admite la más mínima intervención del **pueblo**, el A apela a cierto grado de participación o **consenso** por parte de los gobernados, como es notorio en el caso de algunos liderazgos carismáticos. En el campo de la **Psicología social**, el A fue investigado entre otros por W. **Reich** en *Psicología de masas del fascismo* (1933) y por T. **Adorno** en *Personalidad autoritaria* (1950).

Ayudas: En la **teoría de sistemas**, es la **energía** que hace posible la entrada a un **sistema** de **demandas**, su procesamiento y salida en forma de **productos**. Las hay materiales (por ejemplo, el pago de **impuestos**) e inmateriales (por ejemplo, la obediencia a las **leyes**). Otros ejemplos: A por participación **política** (asistir a una marcha), el respeto a las autoridades y los **símbolos**, etc. Son recursos que permiten a un sistema extraer, regular y distribuir.

B

Bakunin, Mijail Alexandrovic (1814-1876): Político **anarquista** ruso, participó en la **Primera Internacional** pero sus divergencias con **Marx** lo alejaron de esa **organización**. Planteó que la libertad individual se realiza cuando todos son libres, en una **sociedad** sin **clases**, ni **Estado**, ni dioses, ni **propiedad** ni **familia** patriarcal. Entre sus obras principales encontramos a: *Dios y el Estado* (1871).

Balcanización: Fragmentación política de un **territorio** o país y situación de **guerra civil**, provocada por diferencias internas y presiones externas. El término proviene de la **Guerra de los Balcanes** de principios del siglo XX.

Ballotage: **Sistema electoral** por el cual debe realizarse una segunda **elección** o segunda vuelta entre los dos candidatos más votados en la primera, logrando una **mayoría absoluta** forzada.

Banca: Escaño legislativo. **Curul.**

Bancada: Grupo de legisladores que pertenecen a un mismo **partido político** o alianza.

Behaviorismo: Ver **conductismo**.

Behemoth: Concepción de la **política** como conflicto. Opuesto: *Leviatán*.

Bicameralismo: Modelo parlamentario dotado de dos **cámaras: Cámara Baja** -o de Representantes o **Diputados** electos por **voto** popular- y **Cámara Alta** -o **Senado**, formada por los representantes de los **Estados** federados-. Su primer antecedente es el **Parlamento** británico.

Biopoder (Michel Foucault): Saber biológico que se vuelca a la constitución de relaciones de **poder políticas**. En su obra *Genealogía del Racismo* (1976), **Foucault** explica el **racismo** a partir del **sistema** de B que se erige en la **Modernidad**, como una **tecnología** de control de cuerpos, poblaciones y sociedades. La jerarquía de las especies en el árbol común de la **evolución**, la lucha por la vida entre las **especies**, la selección que elimina a los más aptos, fueron conceptos apropiados por el **discurso** político para pensar la **colonización**, las **guerras**, la eliminación de los diferentes. El B también ha sido funcional a la creación de un **sujeto** "productivo" y ascético, útil para la **acumulación de capital**. Forman parte del arsenal del B herramientas provenientes del sanitarismo, la demografía, la **estadística**, entre otras disciplinas y técnicas.

Biopolítica (Michel Foucault): Concepción **política** que ve a la **población** como un conjunto de seres vivos con rasgos biológicos y patológicos particulares. La B es un mecanismo de control de las condiciones de vida: las políticas tendientes a bajar la mortalidad infantil, prevenir epidemias, e imponer **normas** y condiciones de vida (en cuanto a alimentación, vivienda, organización de las ciudades, higiene pública, etc.). Ese mecanismo de control también tiene como objetivo delinear y modelar un determinado tipo de cuerpo productivo - ya no individual como en la **anátomopolítica**, sino social- funcional a las necesidades del **modo de producción** dominante.

Bipartidismo: Régimen político donde compiten por el **poder** y se alternan en él en forma periódica dos **partidos políti-**

cos. El B implica que un partido gobierna solo, pero no indefinidamente –lo que lo convertiría en un **sistema de partido predominante**-. G. **Sartori** planteó que existe un *formato* bipartidario cuando la existencia de terceros partidos no impide a los dos mayores gobernar solos, es decir que siempre son innecesarias las coaliciones. Sus condiciones son: a) dos partidos que estén en posición de competir por la **mayoría absoluta** de **bancas**, b) por lo menos uno de los partidos gana una mayoría suficiente, c) este partido quiere gobernar solo, d) la alternación o rotación en el poder permanece siendo una expectativa creíble. Si nos referimos en cambio a la *mecánica* del B, vemos que las propiedades esenciales de éste pueden ser adecuadas también a un formato tripartidario –hay países con mecánica bipartidista, aunque su formato no lo sea-. En el B, los partidos compiten centrípetamente –es decir, preservan el **sistema político**- y los electores son moderados, alrededor de un centro de opinión sin grandes variaciones. Hay una relación entre el número de partidos y el "espacio" o gama de competencia interpartidaria, que Sartori llama "distancia ideológica": cuanto menor sea esa distancia más tranquilo funcionará el B. Ejemplos de B: el que se da históricamente en **EE.UU.** entre **demócratas** y **republicanos**.

Bloque: Coalición o alianza **política**, económica y/o militar entre **Estados**. Por ejemplo, el **B occidental** y el **B soviético** durante la **Guerra Fría**. También se habla de B en relación con la **bancada** de un **partido político** en el **Parlamento** o los B económicos regionales, como la **Unión Europea** o el **NAFTA**.

Bloque en el poder (Nicos Poulantzas): Conjunto de **clases** o **fracciones de clases** que ejercen el **poder** político en cierta etapa de un **modo de producción** determinado.

Bloque histórico (Antonio Gramsci): Forma concreta como se articulan las **clases sociales** en torno a la defensa de sus intereses en todos los niveles de una **estructura social** determinada. **Relaciones de fuerzas** sociales en un momento determinado, a partir de la **hegemonía** que un **grupo** social ejerce sobre el conjunto de la **sociedad**. También puede definirse como la relación orgánica entre lo coyuntural-político (**superestructura** ideológico-política) y lo estructural-económico (estructura socio-económica).

Bobbio, Norberto (1909-2004): Filósofo y jurista especialista en temas de **Filosofía del Derecho** y **Ciencia Política**, recibió influencias de **Kelsen**, **Hobbes**, **Croce**, **Weber** y **Marx**, adoptando posturas eclécticas. Sus planteos reivindicaron a la **democracia** (a secas, sin aditamentos, sin carácter de **clase**) por encima de todo otro valor político e intentaron combinar el pensamiento **liberal** y el **socialista** (a los que identificó con la libertad y la igualdad, respectivamente). En la **política** práctica adoptó posiciones cercanas a la **socialdemocracia**, militando en fuerzas políticas de **centroizquierda** (el Olivo) y de oposición al **fascismo** (con el que sufrió cárcel), al **neoliberalismo** y al **marxismo** revolucionario. Senador vitalicio desde 1984, entre sus obras principales encontramos a: *Diccionario de Política* (1977, con N. Mateucci), *El futuro de la democracia* (1984) y *Derecha e izquierda* (1995).

Bodin, Jean (1530-1596): Economista, filósofo y político francés, defensor del **Estado**

monárquico **absolutista**, desarrolló la **teoría** de la **soberanía** (ver). Algunos lo consideran pionero de la **economía política**. Entre sus obras principales encontramos a: *Los seis libros de la República* (1576).

Bonapartismo (Karl Marx, 1852): Régimen político basado en el surgimiento de un **líder** político de características arribistas y aventureras que movilizando en forma controlada a las **masas** se coloca como representante del **Estado** y del **interés general**, apareciendo como neutral y por encima de los intereses de las **clases sociales** en conflicto. En algunos momentos –como en la **Francia** del siglo XIX de donde surge el término- cuando la **lucha de clases** se agudiza, la **burguesía** cede el control directo sobre el Estado a algún personaje **autoritario, conservador** y **populista**, que juega al mismo tiempo el rol de represor y unificador de las clases, con el fin de garantizar la **dominación** burguesa, apoyándose en la pasividad y falta de **conciencia de clase** de las masas populares (**campesinado** o **clase obrera**). Aunque la burguesía acepta esta **forma de gobierno** como un mal menor transitorio -cuando siente en peligro su dominio- es común que la situación se le escape de las manos y el líder bonapartista cobre una independencia más allá de lo pensado y tolerado por la clase dominante que lo ayudó a emerger (recordemos la *Marcha Peronista*: "combatiendo al **capital**"). Esa independencia se aprecia también en el debilitamiento del **Parlamento** a manos del **Poder Ejecutivo.** Es allí donde la burguesía busca desplazar al Bonaparte para retomar el control directo del Estado. Otras características del B: el apoyo de la **burocracia** y las **FF.AA.** y una relación directa y emotiva entre líder y **masa.**

Bordaberrización: Situación en la que existe un **poder** civil formal que opera como fachada de un poder militar **totalitario** que controla de hecho el **aparato de Estado.**

Boss: Voz inglesa que significa "jefe". El *B* es un **empresario** político **capitalista** que financia a un **partido político** y funciona como un recolector de comisiones y **prebendas.** Fácilmente sobornable, carece de **ideología** o convicciones y no busca prestigio social, sino **dinero** y **poder.** A diferencia del *leader* ingles, el *B americano* trabaja en la sombra y no ocupa cargos sino que los vende a cambio de servicios prestados al partido. Es un profesional en el armado de redes de poder y en la acumulación de **votos** y de beneficios.

Burocracia: Conjunto de funcionarios especializados en las tareas administrativas de una organización. Por lo general, dependen de las decisiones de estrategia tomadas por otros. En sentido vulgar, se habla de B en referencia a la excesiva lentitud en el funcionamiento de la administración pública. Según Max **Weber**, la B se define por oposición a las **sociedades tradicionales**, como algo característico de la **sociedad** y el **Estado modernos** (en especial, a partir de la **Revolución Francesa** y la separación de **poderes**), su "**jaula de hierro**". Se trata de una autoridad legal, encargada de la aplicación correcta de los procedimientos, de carácter impersonal, y con la obligación de acatar las reglas aún cuando no se esté de acuerdo con ellas. Sus principales características son: **empleo**, sueldo, ascenso, preparación profesional, **división del trabajo**, competencias fijas, formalismo documental, subordinación y superioridad jerárquica. Esto se da no sólo en el **Estado**, sino también en el **Ejército**, la **Iglesia** y las **empre-**

sas privadas. Para **Marx**, la **teoría** de la B es un **fenómeno** secundario: lo central es que el Estado es un instrumento de **dominación** de **clase**, siendo la B estatal un grupo parasitario (al igual que el Ejército y la policía) que defiende las condiciones generales de la **acumulación de capital**. Tras la experiencia de la **U.R.S.S.**, algunos autores (Milovan Djilas, Claude Lefort) plantearon la existencia de una B como nueva **clase política**, cuya fuente de enriquecimiento no se basaba en la extracción de **plusvalor** –como en el caso de la **burguesía**– sino en el control del **aparato estatal**. Desde el **marxismo, Trotsky** no acordó con la caracterización de la B soviética de la era de **Stalin** como una **clase**, definiéndola como una **casta** parasitaria del **Estado obrero** degenerado.

Burocracia estatal: Conjunto de funcionarios públicos profesionales encargados de la **administración** del **Estado**.

Burocratismo: Control de las decisiones **políticas** de un **Estado** en manos de los burócratas. Para Max **Weber**, el B es uno de los grandes obstáculos para la consolidación de las **democracias**.

Burocratización: Racionalización de la vida económica moderna. Para Max **Weber**, esta racionalización lleva a una **división del trabajo** sistematizada y a una mayor B y **alienación** de la **sociedad**, fenómeno al que considera inevitable. En la **Modernidad**, Weber observa el surgimiento de un cuerpo de funcionarios especializados, que con el tiempo pasó a controlar el **poder** político a partir de su control administrativo, frente a la inoperancia de la **clase política**.

C

Caja negra (Burrhus Skinner): Modelo de una cosa, vista por la **función** que cumple en un **sistema** sin considerar su mecanismo interno, el que queda oculto en una "CN". David Easton define a la CN o *black box* como un filtro del **sistema político** que agrega, articula y selecciona las **demandas** provenientes de la **sociedad**, dándole autonomía a la **política**. La CN es un **concepto** utilizado por el **conductismo** (modelo por el cual no se tiene en cuenta lo que sucede al interior de la vida psíquica, reduciendo al individuo a una máquina simple, donde lo importante es lo observable tal como lo demuestra el par **estímulo-respuesta**), el **funcionalismo** y la **teoría general de sistemas**.

Calidad democrática: Expresión utilizada por la **politología** dominante que alude al grado en que un **régimen político** democrático adopta determinados valores, tales como la tolerancia, la no-violencia, la igualdad y las libertades individuales. Cuanto mayor sea el alcance de esa CD, más consolidada estará una **democracia**.

Cámara: Cuerpo legislativo. En la mayoría de los **Parlamentos** existe una **C alta** y una **C baja**.

Cámara alta: Cuerpo legislativo que no necesariamente es elegido por el **pueblo**. Por ejemplo, la **cámara de Senadores**, la **cámara de los Lores** o el *bundesrat*. Opuesto: **cámara baja**.

Cámara baja: Cuerpo legislativo elegido directamente por el **pueblo**. Por ejemplo, la **cámara de Diputados**, la **cámara de representantes**, la **cámara de los Comunes** o el *bundestag*. Opuesto: **cámara alta**.

Cámara de Diputados: Órgano legislativo que representa al **pueblo**. Llamada también **cámara baja**, expresa la forma representativa de **gobierno** al conformarse a partir de **elecciones** directas y proporcionales sobre la base del **sufragio universal** y secreto. Ejemplos: **cámara de los Comunes**, el *bundestag*, las **cortes** españolas o el **congreso** norteamericano.

Cámara de origen: **Cámara** legislativa que inicia el tratamiento de un proyecto de **ley**, iniciativa o **decreto**. Salvo casos explícitamente señalados, tanto la **cámara alta** como la **cámara baja** pueden ser CO. La cámara que trata las leyes en una segunda instancia es la **cámara revisora**.

Cámara de representantes: Órgano legislativo que representa al **pueblo**. Ejemplo: **cámara de diputados**.

Cámara de Senadores: Órgano legislativo que representa a las provincias o **Estados** de un país. En las **repúblicas**, los senadores son electos por el **voto** popular. Bajo otras **formas de gobierno**, la CS es integrada por miembros nombrados por quien detenta el **Poder Ejecutivo**. También en algunos países se otorga el título honorífico y vitalicio de **senador** a ex **Presidentes** o a **ciudadanos** destacados. Llamada también **cámara alta**, la CS expresa la forma **federal** de gobierno. También cumplen una función análoga el *bundesrat* alemán y la **cámara de los Lores** británica. En su origen en la antigua **Roma**, el Senado era una asamblea de patricios y de los considerados más capaces.

Cámara revisora: **Cámara** legislativa que recibe para su tratamiento proyectos de **ley**, iniciativas y **decretos** provenientes de la **cámara de origen**. Salvo casos explícitamente señalados, tanto la **cámara alta** como la **cámara baja** pueden ser CR.

Camarilla: Grupo de personas cercanas a quienes detentan puestos de **poder** en una organización, a quienes sirven e influyen para obtener beneficios.

Cambio político: Paso de un **régimen político** a otro. En las **teorías** de la **democracia** (por ejemplo, en la de **Dahl**), pasaje de la democracia al **autoritarismo** o viceversa. Hay cuatro tipos de CP: **transición, golpe de Estado, revolución** y **contrarrevolución**.

Canciller: Funcionario que según el país cumple diferentes roles. Así, en **Alemania** el C es el principal **Ministro del Estado** o **Primer Ministro**. En América Latina, en cambio, el C se ocupa de las relaciones exteriores.

Cantones: Divisiones administrativas de un **territorio** que poseen alto grado de **autonomía** (tienen sus propios **parlamentos** y **gobiernos**) sin ser totalmente independientes. Vigentes en Suiza y Luxemburgo, equivalen a las provincias o distritos.

Carisma: Cualidad de una persona para atraer la adhesión incondicional de otros en base a consideraciones ligadas a su personalidad o liderazgo. **Weber** lo define como la cualidad extraordinaria de una personalidad, en cuya **virtud** se le considera en posesión de fuerzas sobre-humanas o divinas, que lo habilitan para ser jefe, **caudillo**, guía o **líder**. El C es el elemento fundamental de lo que Weber llamó **tipo de dominación carismática**, forma no cotidiana de **dominación**.

Carta Magna: Denominación que recibe la **Constitución** de un **Estado**, considerada la **ley** máxima.

Catch all party **(Otto Kircheimer, 1966):** Voz inglesa que significa "**partido atrapatodo**". El *CAP* es un **partido político** que no se dirige a una **clase social** o **estrato** en particular, sino que trata de ganar el **voto** de los grupos más diversos, con **plataformas** amplias y flexibles, de vago contenido y de **ideología** difusa, y que son formales porque lo que importa es obtener votos para conseguir cargos. El centro del partido ya no está puesto en los **notables** ni en los **militantes** sino en los electores. La disciplina partidaria se debilita y el jefe partidario –que es el político profesional y no ya el **burócrata** como en el **partido de masas**– define la **política** del partido. El *CAP* se moviliza casi exclusivamente para las campañas electorales y se financia con cuotas de afiliados y contribuciones privadas.

Caucus: Voz latina que significa "aconsejar". Se aplica en los países **anglosajones** a los **comités** locales de los **partidos políticos.** que definen la **política** del partido y eligen a los candidatos para las **elecciones.** En **EE.UU.** refiere a la **asamblea** en la que se vota a mano alzada.

Caudillo: Líder carismático de una **comunidad**, de origen civil o militar, que mantiene sobre sus seguidores una relación paternalista y personal. Existen C de orientación **conservadora** y otros que apelan al **movilizacionismo**, enfrentando al *statu quo*.

Célula: Núcleo de **militantes** de un **partido político**, con un ámbito de influencia local y reducido número de miembros. La C surgió como la forma de organización de muchos partidos **comunistas** para la militancia en la clandestinidad, como instrumento de **agitación**, **propaganda** y formación políticas.

Centralismo: Forma de organización que tiende a concentrar las decisiones **políticas** en un solo centro u organismo.

Centrismo: Postura **política** en principio equidistante de la **derecha** y de la **izquierda**. De todas formas, en la práctica muchos **partidos** que se definen de **centro**, se asimilan a lo que se conoce como **centroderecha**, con posiciones **conservadoras** o **liberales**.

Centro: Posición político-ideológica intermedia entre la **derecha** y la **izquierda**. Por lo general, plantea reformas parciales dentro del orden económico-social dominante.

Centroderecha: Posición ideológico-política ubicada entre la postura más **conservadora** (**derecha**) y la más intermedia (**centro**). Por lo general, la CD agrupa a fuerzas conservadoras o **liberales** que buscan diferenciarse de la derecha **nacionalista** y del centro **populista** o **democristiano**.

Centroizquierda: Posición ideológico-política ubicada entre la postura más **revolucionaria** (**izquierda**) y la más intermedia (**centro**). La CI se ha identificado históricamente con la **socialdemocracia** que rompió con el **comunismo** durante la **Primera Guerra Mundial**, aunque la ambigüedad de sus planteos permite incluir a fuerzas de lo más diversas, como varios **populismos** latinoamericanos.

Cesarismo (Antonio Gramsci): Solución arbitral confiada a una gran personalidad para salir de una situación de **lucha de clases** o de **guerra civil** muy marcada y que plantea una perspectiva catastrófica. El C expresa una situación en la que las fuerzas o **clases sociales** en lucha se equilibran de modo que la continuación de la lucha sólo termina con la mutua destrucción: A se enfrenta a B, pero se destruyen recíprocamente. Es allí cuando interviene el César, sometiendo a ambas. El C es progresivo si ayuda a triunfar a las fuerzas progresivas (por ejemplo, **Julio César** y **Napoleón I**) y es regresivo si ayuda a triunfar a las fuerzas regresivas (por ejemplo, **Napoleón III** y **Bismarck**). **Weber** definió al C como a la plebiscitación de un **líder carismático** por parte de una **masa** irracional que apoya la concentración de todo el **poder** en manos de aquel (como sería, por ejemplo, el caso del **rosismo**). Algunos autores asimilan el C gramsciano con el fenómeno que **Marx** denominó **bonapartismo** (aunque éste siempre es reaccionario). Surgido en **Roma**, son características del C: 1- el acceso al poder por medio de un golpe de fuerza militar con apoyo popular, 2- una política **populista** que pone límites a las clases dominantes, a las que sin embargo el líder protege frente a las masas y 3- la existencia de una formalidad democrática (**Parlamento** adicto, **elecciones** y **plebiscitos** manipulados, etc).

Cesaropapismo: En la **Edad Media**, injerencia del **poder** terrenal o civil en los asuntos de la **Iglesia**. El C ("El César o el **Papa**") determinó la concentración del **poder** temporal y el religioso o espiritual en manos de un autócrata.

Chauvinismo: Exaltación desmedida por los valores de la propia **Nación**, hasta el punto de menospreciar a otros países y llegar incluso a propiciar actos agresivos o belicosos frente al extranjero. El C fomenta la **xenofobia**. El término proviene del excesivo apego hacia **Napoleón** por parte del soldado Nicolás Chauvin.

Ciencia Política: Disciplina que estudia al **poder** político en sus diversas formas y que surge en el siglo XIX bajo la influencia del **positivismo**, y en menor medida del **marxismo** y el **darwinismo social**. Allí, la CP se independizó del **Derecho**, ya que antes, desde **Hobbes** a **Kant**, aparecía sólo como una parte del **derecho natural**, donde el Estado era concebido como un ente creado por un **acto jurídico** (**contrato**), y que creaba al derecho (**derecho positivo**). Los primeros en hacer esta distinción fueron Gumplowicz y **Mosca**, aunque se considera a **Maquiavelo** como el primer pensador moderno vinculado con la disciplina. La CP se desarrolló a principios del siglo XX en EE.UU., bajo el influjo del **conductismo**, que plantea que el **objeto de estudio** de la CP debe ser el comportamiento de los **individuos** y de los grupos que actúan políticamente. En cuanto a las técnicas de **investigación**, se fue produciendo un pasaje del uso exclusivo de los datos históricos al uso cada vez más frecuente de la **observación directa o de campo**, lo que se tradujo en una cuantificación de la disciplina (sondeos y entrevistas). Siguiendo la exposición de Maurice Duverger, la CP puede ser vista como la ciencia del poder (de los gobernantes) o del Estado (jurídicamente soberano). Principales ramas de la CP: 1- la **Teoría Política** se ocupa de preguntas clásicas acerca del poder, la justicia, la autoridad, el conflicto y la igualdad, centrándose en la **filosofía política**, el **deber ser** o teoría normativa y la **historia** de las ideas políticas, 2- la **Política Comparada** aborda el análisis de **procesos** y estructuras políticas (**gobierno, cultura política, régimen político**) de distintas épocas y/o lugares, en busca de regularidades en las conductas políticas, 3- los **Estudios Institucionales** estudian las instituciones de los sistemas y regímenes políticos, tales como los poderes públicos, **partidos políticos, sistemas electorales, grupos de presión, Parlamento**, etc, 4- la **Opinión Pública,** cuyos temas son la metodología del análisis político y el *marketing* político (en especial, **encuestas**), 5- **Políticas Públicas,** rama que se encarga de los procesos de elaboración, ejecución y evaluación de las decisiones tomadas por el Estado y, 6- **Relaciones Internacionales,** que trata acerca de las relaciones entre Estados, la **política exterior** y el rol de entes no estatales transnacionales (como la **ONU**). Por la elección de la **unidad de análisis** central del fenómeno político, la CP presenta tres grandes corrientes explicativas: 1- a la **derecha**, los **liberales** ponen en el centro de la escena al "**sistema político**", 2- en el **centro**, los autores **socialdemócratas**, weberianos y keynesianos enfatizan en el "**régimen político**" (con eje en una concepción de la **democracia** sin contenido de **clase**) y, 3- a la **izquierda**, los **marxistas** mantienen al "**Estado**" como categoría central de la política. Existen otras visiones, por ejemplo, la visión de Michel **Foucault** centrada en la categoría de "poder".

Circunscripción: División de un **territorio** según diferentes criterios (administrativos, electorales, militares, religiosos, etc). También llamado **partido** o **departamento**.

Circunscripción plurinominal: Distrito electoral en el que los **ciudadanos** pueden votar por más de un candidato. Opuesto: **circunscripción uninominal**.

Circunscripción uninominal: Distrito electoral en el que los **ciudadanos** deben votar por un único candidato para un único cargo. Opuesto: **circunscripción plurinominal**.

Ciudad-Estado: Estado basado en la participación de los **ciudadanos** –los ricos o propietarios- en la **guerra** y demás asuntos **públicos**. La CE se asentaba en un **modo de producción** basado en el **trabajo** gratuito del **esclavo** y el **meteco**. Ejemplos de CE son la **Atenas** del siglo IV a.C. y la **Roma** republicana del siglo III.

Ciudadanía: Condición de pertenencia de un **individuo** a una **comunidad política** a partir del reconocimiento del **Estado**, que habilita a aquel a ejercer los derechos políticos, entre ellos los derechos electorales, de petición, de reunión y de asociación. En esta concepción **liberal** de la C, las cuestiones económicas y sociales quedan al margen, por considerarse independientes del Estado. Es por ello que suele distinguirse entre una **C política** y una C económico-social, vinculada ésta con la llamada **ciudadanía de segunda generación**. El sociólogo T. Marshall distingue una **C civil**, una C política y una **C social**. El término remite históricamente a la **teoría contractualista**, a la **Carta Magna** inglesa (**hábeas corpus**) y a la **Revolución Francesa**.

Ciudadanía civil: Ciudadanía de raíz **liberal** que reconoce los derechos de libertad personal, tales como las libertades de expresión, de pensamiento y de **propiedad**.

Ciudadanía de baja intensidad (Guillermo O´Donnell): La expresión refleja un bajo nivel de compromiso de los **ciudadanos** con la **política**, de la cual desconfían y de la que poco esperan. La CBI se limita a votar cada tanto a los representantes, sin involucrarse en la discusión ni en la decisión políticas.

Ciudadanía de segunda generación (siglo XX): Consideración de los **derechos sociales** en el concepto de **ciudadanía**, en contraposición con la visión **liberal**.

Ciudadanía política: Ciudadanía de raíz **liberal** consistente en el **derecho** de participar en la **elección** del **poder** político –a través del **sufragio universal**- y a ejercer cargos **públicos**.

Ciudadanía social: Concepción no **liberal** de la C, que considera que los derechos políticos no pueden lograrse sin los derechos económicos, sociales y culturales. Además, problemas sociales como la **pobreza** crean una serie de desigualdades tan fuertes que influyen sobre los propios derechos políticos. Esta noción se vincula con el **Estado de Bienestar** y es criticada desde el **marxismo** como encubridora de la desigualdad material entre las **clases sociales** bajo el manto de la igualdad jurídica ciudadana.

Clase política: Término planteado por G. **Mosca** para designar a las **élites** que detentan el **poder** en una **sociedad**. Por extensión, en la actualidad se habla de CP para hablar de los políticos.

Clasismo: Doctrina y posición **política** que ubica como eje del análisis y la acción en la **sociedad** a la **lucha de clases**. El **marxismo** y el **anarquismo** son partidarios del C.

Cleptocracia: Gobierno en que el **poder** está en manos de los que roban.

Clientelismo: Forma moderna de relación **política** que consiste en la obtención de "beneficios" (por lo general materiales) a cambio de "favores" (por lo general electorales). La relación clientelística se establece entre sujetos con un **poder** desigual: la **población** empobrecida encuentra en el C una forma de supervivencia y los políticos que lo practican, un sustento para su posición de **poder**.

Club: Forma de agrupamiento de los **partidos de notables**.

Coacción: Utilización de la violencia para imponer una relación de **dominación**. **Poder** que ejerce el **Estado** mediante el uso de la fuerza.

Coalición: Alianza entre **Estados** o **partidos políticos**, empresas, **clases**, etc, para enfrentar a un enemigo común.

Coerción (Antonio Gramsci): Momento de la **dominación** desnuda, donde la **clase dominante** apela a la **sociedad política** –el **Estado**- para imponerse por medio de la violencia, a través de la **burocracia**, las leyes y las **Fuerzas Armadas**. Junto con el **consenso**, constituyen las dos caras de la **hegemonía**.

Colectivismo: Doctrina que postula la **propiedad colectiva** de los **medios de producción**, subordinando el interés individual al progreso común. En este sentido, varios autores consideran propios del C regímenes y **teorías** diversos, como el llamado **comunismo primitivo**, el **Imperio Incaico**, variantes del **anarquismo**, el **socialismo** y el **comunismo** modernos. Otros autores incluyen en el C a **movimientos** tan diversos como el **corporativismo** y el **cooperativismo**.

Colectivización: Transformación de la **propiedad** de las **empresas** o las **tierras** en patrimonio del **Estado**. El término puede aplicarse a regímenes **comunistas** (**Revolución Rusa**), **capitalistas** (los *kibbutz* de Israel, **reformas agrarias** en América Latina) o de Estados burocráticos (**stalinismo**).

Colegio electoral: Cuerpo electivo que nombra al **Presidente** o jefe de un **Estado**.

Colonia: Forma de **dominación** que se expresa en la ocupación militar de un **territorio** por una minoría extranjera, que somete por medio de la violencia a la **sociedad** nativa e impone un aparato militar, político y administrativo. Implica también la dominación económica, lo que incluye **saqueos**, uso compulsivo de la **mano de obra** nativa, acaparamiento de **tierras** y **monopolio** comercial sobre la **producción** por parte de los colonizadores.

Colonialismo (siglo XVI →): Sometimiento económico, político, militar y cultural de un **Estado** o **pueblo** sobre un pueblo o **territorio**. Con antecedentes numerosos en la **Antigüedad** (**fenicios**, griegos, romanos, turcos, etc), el C se ha extendido a la época moderna, con el **Descubrimiento de América** primero –época de la expansión del **mercantilismo**– y la **Revolución Industrial** después –que implicó la consolidación del **capitalismo**–. La ocupación militar del territorio, la matanza y **explotación** de la **población** originaria, la **expoliación** de las riquezas naturales y el mantenimiento de diversas formas de **dependencia** han caracterizado históricamente al C. Con la finalización de la **Segunda Guerra Mundial**, se inició el **proceso de descolonización**. Suele distinguirse al C del **imperialismo**: mientras el primer concepto hace referencia a la posesión física de **colonias**, el segundo se orienta hacia la dominación económica de diversos países del mundo formalmente independientes.

Colonización del Estado: Presencia decisiva de **grupos económicos** privados en el aparato del **Estado** y en la toma de decisiones.

Comisión legislativa: Grupo de legisladores encargado del tratamiento de determinados asuntos parlamentarios. Existen, por ejemplo, CL de **trabajo**, vivienda, **educación**, **presupuesto**, etc.

Comité: Local partidario que funciona centralmente en épocas de **elecciones**. En los comienzos de los **partidos políticos** se los conoció como *caucus*.

Comité central: Órgano ejecutivo y máxima autoridad de un **partido político**.

Comparativismo: Rama de la **Ciencia Política** que se encarga de comparar entre sí a los **sistemas políticos**. Entre sus principales autores se destacan Rokkan y Lipjhart.

Comunidad: Grupo con intereses en común y en pequeña escala. F. **Tönnies** la define como una forma primaria de amistad natural que precede a la **sociedad**. La C es una forma típica de los pequeños poblados **campesinos**, basada en la **propiedad** comunitaria de los recursos. Se basa en vínculos familiares de sangre, instinto, **costumbre** y **rito**; además la memoria colectiva funda una solidaridad profunda. La sociedad, en cambio, surge de una voluntad racional arbitraria basada en objetivos concretos e intereses parciales. En **Sociología comprensiva** (particularmente en **Weber**), la C es una **relación social** donde la **acción social** de los **individuos** se inspira en el sentimiento **subjetivo** (afectivo o tradicional) de integrar un todo. La **Nación** es el ejemplo más fuerte de C política, ya que se basa en lo emotivo y permanente: un destino político en común, el afianzamiento de lazos apoyados en el pasado, pesando más incluso que el hecho de compartir una **cultura**, una **lengua** o un origen. El pasado común caracteriza la conciencia de la **nacionalidad**. Opuesto: sociedad y **asociación**.

Comunismo (Karl Marx, 1848 →): Con antecedentes en Antístenes y Diógenes, en G. Babeuf y en el **socialismo utópico**, el C es la **doctrina** del **marxismo** y la **sociedad** a la que éste aspira, basada en la inexistencia de la **propiedad privada** de los **medios de producción** y –en consecuencia– de las **clases sociales** y del **Estado**. Según el *Manifiesto Comunista*, el C busca abolir la propiedad privada que sirve para explotar el **trabajo** ajeno (la propiedad **burguesa**) y no la propiedad bien adquirida, fruto del trabajo y el esfuerzo personal. El medio para alcanzar tales fines es la toma del **poder** por parte de la **clase obrera**, la instauración de la **dictadura del proletariado** y la paulatina disolución del Estado como instrumento de dominación de clase. El término C también es utilizado por **Marx** para definir a la segunda y última fase de la transformación revolucionaria, que sucede al **socialismo**. El C se caracteriza, en este sentido, por la desaparición de la **división del trabajo** entre **trabajo manual** y **trabajo intelectual**, el crecimiento continuo de las **fuerzas productivas**, la desaparición de las clases sociales, el **derecho** y el Estado, y un criterio de distribución basado en el principio **"De cada cual según su capacidad, a cada cual según su necesidad"**, superador del criterio distributivo de la fase socialista, centrada en el prin-

cipio **"De cada cual según su capacidad, a cada cual según su trabajo."** Estos conceptos son propuestos por Marx a modo indicativo, pero en ningún momento plantea plazos para el cumplimiento de esos objetivos, lo que dependerá del desarrollo histórico de la sociedad.

Comunismo: Denominación adoptada por el **Partido Comunista** de la **U.R.S.S.** –y de todos los PC del mundo– heredada de la forma en que se hacían llamar los **bolcheviques**. Desde el punto de vista estrictamente **marxista**, el término C se reserva para la **sociedad** sin **propiedad privada** de los **medios de producción**, sin **clases** y sin **Estado**. Por lo tanto, en el caso del **régimen soviético** postleninista –y otros similares– se utiliza el término **stalinismo**. Debido a que éste –el stalinismo– se basa en la **estatización** de toda la **economía**, se produce la confusión de identificar al C marxista con la defensa del Estado (cuando es lo opuesto).

Comunismo primitivo (Karl Marx): También llamada **"sociedad tribal"**, el CP se caracteriza por una muy baja **división del trabajo**, escaso desarrollo tecnológico y la **propiedad** común de **tierras** y herramientas de **trabajo**. Se trata de una **sociedad** con un nivel de subsistencia donde no existe la **propiedad privada** –y por ende el **excedente**–, lo que impide la formación de una **clase** propietaria explotadora y, en general, la existencia de **clases sociales**. Esto, por consiguiente, bloquea las posibilidades de constitución de un **Estado**, dada la igualdad social existente. Las sociedades del CP –que abarcarían el período que va desde la aparición de la **sociedad** humana hasta el 4.000 a.C., algo así como doscientos mil años– eran **cazadoras-recolectoras**, aunque también debemos incluir a las iniciales sociedades excedentarias agrícolopastoriles. El avance tecnológico fue prefigurando el surgimiento de excedentes, y con ello, la aparición de la propiedad privada, las clases sociales y el Estado.

Concejal: Diputado de un cuerpo legislativo municipal.

Concentración de poderes: Unión de los tres **poderes** del **Estado: Poder Legislativo, Poder Ejecutivo** y **Poder Judicial.**

Concertación: Pacto o acuerdo entre partes. Así, existe una C política entre el **gobierno** y los **partidos políticos** y una **C económico-social** entre el **Estado** y las **corporaciones** empresariales y sindicales.

Concertación social: Acuerdo entre las **corporaciones** empresarial y **sindical** bajo los auspicios del **Estado,** acerca de condiciones de trabajo, **convenios colectivos,** etc. La CS implica un intermedio entre el **corporativismo** –que incorpora las corporaciones al Estado- y el **liberalismo** clásico –que reniega de este tipo de intromisiones estatales y corporativas-, siendo característica del **neocorporativismo** y el **Estado de Bienestar.**

Condominio: Soberanía compartida entre dos o más **Estados** sobre un país o **territorio.** Dominio sobre una cosa común a dos o más personas.

Conductismo: Escuela de la **Ciencia Política** norteamericana que surgió en la primera mitad del siglo XX. Se basa en el estudio de los comportamientos políticos observables y medibles. También denominado *behaviorismo.*

Confederación: Acuerdo voluntario entre distintos **Estados** independientes, que se unen bajo un órgano común que tiene competencia en asuntos muy limitados, ya que los miembros componentes pueden negarse a aplicar las decisiones emanadas de ese órgano. La C implica una unión débil a través de un pacto, con fines de integración económica y comercial y asistencia militar. Los miembros conservan su **soberanía** y autodeterminación, además de los derechos de nulificación (rechazo de **leyes**) y **secesión** (separación). No hay **gobierno** común y cada miembro tiene **aduanas,** fuerzas armadas y **moneda** propios. Se diferencia, por lo tanto, de la **federación.**

Conflicto social: El término se puede definir de dos maneras: a) desde una visión más general, el CS refiere a todo enfrentamiento, discordia o lucha entre los **individuos** y **grupos** de una **sociedad,** tanto en el plano económico como en el ideológico, religioso, político, etc, mientras que, b) desde el **marxismo,** el CS se identifica con la **lucha de clases,** donde las demás formas de conflicto se explican –de un modo u otro- en función de las **relaciones de producción** dominantes en un momento determinado. Para el marxismo el conflicto es un producto necesario y se encuentra en la naturaleza de la sociedad. Para el **funcionalismo** es transitorio y se resuelve mediante el **consenso** que garantiza la estabilidad.

Congreso: Poder Legislativo, unicameral o **bicameral.** Si es bicameral, se compone de una **Cámara de Diputados** y una **Cámara de Senadores,** cuya **función** esencial es la de elaborar y sancionar **leyes.** Al menos formalmente, el C o **Parlamento** es independiente del **Poder Ejecutivo** y del **Poder Judicial** y ejerce un control sobre éstos a través del **juicio político** y la **ley** de **Presupuesto**, entre otros instrumentos.

Consejos obreros (marxismo): Organizaciones de los **obreros** en la **fábricas** (y de otras **clases** y espacios sociales), que aspiran a transformarse en embriones de la toma del **poder** por parte del **proletariado**. A diferencia de los **sindicatos**, los CO no se limitan a reclamos y luchas por reivindicaciones económicas en el marco del **capitalismo** (por ejemplo, un aumento de **salarios**) sino que aspiran a la lucha **política**, por el poder del **Estado**. Son ejemplos de CO los que se crearon en el *bienio rosso* italiano de 1919-20 -reivindicados por Gramsci- y los *soviets* de la **Revolución Rusa**, entre otros. Éstos se transformaron en organismos de **doble poder** que pusieron en cuestionamiento las **instituciones burguesas (Parlamento, Justicia**, ejército, **Poder Ejecutivo**, etc).

Consenso: En **Ciencias Sociales, legitimidad** que se da a determinadas **instituciones** de **poder** (entre otras, el monopolio de la fuerza del **Estado**, el **sistema político**, las **leyes**) y a sus detentadores y que permite la atenuación del **conflicto** social y la convivencia en **sociedad**. También, acuerdo racional entre **sujetos**. El C puede referirse tanto a ciertos fines, **valores** y **normas** como a los medios para alcanzarlos. Según Giacomo Sani, son varios los factores que facilitan la obtención de C: homogeneidad socio-cultural, congruencia de los mecanismos de **socialización**, valores compartidos (Almond y Powell le llaman "**cultura política** homogénea"), interacción de las fuerzas **políticas**, etc. Según **Sartori**, las **elecciones** libres y periódicas son la manifestación máxima del C. Easton describe tres niveles de C: el C básico en la **comunidad**, el C en cuanto a los pro-

cedimientos al nivel del **régimen político** y el C político en cuanto a la aceptación de la **democracia**. El **marxismo** impugna esta visión, a la que considera apologética del **capitalismo** y encubridora de la **dominación** de clase. Opuesto: conflicto, **coerción**.

Consenso (Antonio Gramsci): Momento de la **hegemonía** centrado en el dominio ideológico, donde la **clase dominante** apela a la **sociedad civil** –con sus **instituciones**: la escuela, la **Iglesia**, los **medios de comunicación**, etc- para imponerse por medio de la **ideología**. Junto con la **coerción**, constituyen las dos caras de la hegemonía.

Conservadorismo (fines del siglo XVIII →): **Doctrina** que postula una oposición total a los cambios y reivindica la defensa de un orden natural. En sus orígenes, el C apareció como una respuesta al **liberalismo** y la **Revolución Francesa**, en defensa de los intereses de la **Iglesia**, la **monarquía** y la **propiedad**. En el siglo XIX enfrentó además al **marxismo** y el **anarquismo**, en defensa de los valores tradicionales, **aristocráticos, clericales, corporativos** y **mercantilistas**. En el siglo XX, el C se ha diversificado en vertientes estatistas y anti-estatistas. Luego de la **Segunda Guerra Mundial** ha surgido el llamado **neoconservadorismo**, **ideología** norteamericana de la **Guerra Fría**. Entre sus pensadores se destacan Edmund **Burke**, Benjamin Constant y Alexis de **Tocqueville**. Si bien el C se orienta a la defensa de los intereses sociales privilegiados, es habitual la adopción de posiciones **conservadoras** en las **clases** bajas o medias.

Consolidación de la democracia: Según algunos politólogos, como Leonardo Morlino, es el **proceso** en que el **régimen po-**

lítico democrático se afianza. Tiene las siguientes características: institucionalización y funcionamiento efectivo de las **estructuras de mediación (partidos, sindicatos,** etc), aumento de la **legitimidad, elecciones** libres reiteradas, formación de una coalición mayoritaria, respeto a la **oposición** legítima. Cuando todas estas prácticas se terminan rutinizando, podemos hablar de CD. Para Linz, la democracia se consolida cuando todos los principales **actores** políticos, partidos o intereses organizados, fuerzas o **instituciones**, consideran que no hay ninguna otra alternativa para acceder al **poder** y se produce la situación en la que nadie puede vetar la acción de los gobiernos democráticamente elegidos. (Ver también **transición a la democracia**).

Constitución: Ley fundamental de un **Estado**, conjunto de **normas** básicas superiores a cualquier otra ley, que organizan **política** y jurídicamente a un país.

Constitución formal: Documento que contiene las **normas** y principios fundamentales de un **Estado**. Opuesto: **Constitución material**.

Constitucionalismo (fines del siglo XVIII →): Surgido en el marco de la confrontación con el **absolutismo** y la **Restauración**, el C tiene que ver con el sometimiento del **Estado** al derecho; más precisamente, está vinculado con la noción de **Estado de derecho** y con el concepto de **régimen político: estructuras** de autoridad, procedimientos de designación de las autoridades, **división de poderes** y ejercicio del **poder**. Sin embargo, no todo **gobierno** democrático es constitucional, ni todo gobierno constitucional es democrático. Tampoco es sinónimo de **Constitución** (al menos de **Constitución formal**): **Inglaterra** es un país fundamental en la **historia** del C y no tiene una Constitución escrita. Son pilares del C las **constituciones de EE.UU.** (1787), **Francia** (1791) y **España** (1812). En el plano teórico, los autores clave son **Locke** y **Montesquieu**.

Constitucionalismo clásico: Etapa del **constitucionalismo liberal**. Se inicia con el dictado de la **Constitución de Estados Unidos** de Norteamérica, en 1787, y cuatro años más tarde, de la francesa. Sus premisas centrales fueron: reconocer y conceder a los hombres derechos individuales y garantías tendientes a tutelar su ejercicio, limitar la intervención del **Estado** al manejo de las relaciones internacionales, la defensa, la salud y la **educación**, y a custodiar que los **individuos** puedan ejercer sus **derechos subjetivos**, evitando toda intromisión estatal en la **economía**.

Constitucionalismo social (principios del siglo XX →): Proceso por el cual las constituciones **liberales**, dictadas hasta principios del siglo XX, fueron paulatinamente reemplazadas, en algunos **Estados**, por otras en las que ya no se consideró solamente al **hombre** en forma individual, sino también como integrante de una **sociedad**. El CS impulsó la introducción de los **derechos sociales** en las constituciones de los distintos países, destacándose como ejemplos más característicos la **Constitución mexicana de 1917** y la alemana de 1919.

Consulta popular: Mecanismo de **democracia semidirecta**, en **virtud** del cual las autoridades someten a consideración del **pueblo** diferentes cuestiones, por medio de un *referéndum* o un **plebiscito**. En la **Constitución Nacional**, a veces, la CP es obligatoria o **vinculante** –sólo convocable por el **Congreso**– y otras no lo es –puede convocarla también el **Presidente**, pero el **voto** no es obligatorio–.

Contractualismo: **Teoría política** moderna, cuya aparición está relacionada con la crisis del **Medioevo** y la **transición del feudalismo al capitalismo**, que planteó la necesidad de fundar el **poder** político sobre nuevas bases no divinas ni **sagradas** y de explicar la aparición de las **sociedades** nacionales. Desde el *iusnaturalismo*, los **contractualistas** realzaron el papel del **individuo**. Según el C, los individuos viven en un **estado de naturaleza** al que –por motivos diversos según el autor- abandonan –a través de un **contrato social**- para ponerse voluntaria y racionalmente bajo el **poder** de un **soberano**, constituyendo la **sociedad civil**. Tanto para **Hobbes**, como para **Locke** y **Rousseau**, los individuos enajenan una parte de sus derechos naturales para cederlos al soberano a cambio de la protección de otros derechos que mantienen en su poder (y que varían también según el autor de que se trate).

Contractualistas: Pensadores de los siglos XVII-XVIII (**Hobbes**, **Locke**, **Rousseau**) que explicaban el origen del **Estado** y la política a partir de la firma de un **contrato social** por parte de los **individuos**.

Contrarrevolución: Movimiento opuesto a una **revolución** y partidario de retornar al orden social y político anterior.

Contrato social (contractualismo): Pacto voluntario y racional entre los **individuos** en **estado de naturaleza** por el que renuncian a ciertos derechos, con el fin de crear un **Estado** que establezca derechos y **obligaciones** iguales para todos. En **Hobbes**, el

CS cede los derechos de todos a la voluntad de uno –que no forma parte del pacto-, mientras que en **Locke** prima la **voluntad de la mayoría** –aquí el soberano sí forma parte del pacto- y en **Rousseau**, la **voluntad general**. En este sentido, algunos autores distinguen entre un **pacto de asociación** y un **pacto de sujeción**.

Convención: Congreso que realizan los **partidos políticos** y otras organizaciones.

Cooptación: Nombramiento de nuevos miembros de una organización por parte de los miembros en ejercicio, lo que impide la participación de las bases en la designación de sus dirigentes y mantiene en el **poder** de la organización a una *élite*.

Corporaciones: **Asociaciones de intereses** que representan y defienden a determinado sector de la **sociedad**. Ejemplos: los **sindicatos**, las organizaciones de **empresarios**, la **Iglesia**, las **Fuerzas Armadas**, agrupamientos de comerciantes, industriales, banqueros, **campesinos**, etc. Las C son la base institucional de los regímenes **fascistas**, especialmente las que agrupaban a **trabajadores** y **patrones** en un mismo organismo, a modo de **sindicato policlasista**.

Corporaciones (Émile Durkheim): Organismos intermedios entre los **individuos** y el **Estado.** Cuerpo formado por todos los agentes de una misma **industria** o profesión, son una consecuencia directa de la **división social del trabajo**. Las C son indispensables por la influencia **moral** que tienen, capaces de contener los egoísmos individuales y de mantener una solidaridad común. Por eso, **Durkheim** las considera como la base de toda **organización política**, porque son herederas de la **familia**. De este modo, son las **instituciones** ideales para imponer una moral que cohesione a toda **sociedad**. El **modelo** corporativo de Durkheim defiende la unidad funcional de **obreros** y **patrones** -oponiéndose a la división en **clases** planteada por **Marx**- y la **representación funcional** –en oposición a la **representación territorial**-.

Corporativismo: Ordenamiento social, económico, jurídico y político que basa su **legitimidad** en la **representación funcional** de intereses, es decir, en la representación política de las **corporaciones** y su articulación con el **Estado**. En este sentido, el C procura borrar o moderar los conflictos entre las **clases** antagónicas –**capitalistas** y **trabajadores**– uniéndolas bajo una corporación profesional común (por ejemplo, una corporación de empresarios y obreros metalúrgicos). E. Manoilesco plantea que el C se da en sociedades capitalistas dependientes, subdesarrolladas, periféricas y atrasadas. Características: resentimiento contra el orden internacional, planteos de **autarquía** económica, políticas estatales de regulación económica, planificación económica y con fuertes **empresas** estatales, aparato de funcionarios profesionalizado y competitivo, corporativización forzosa y "desde arriba" de los intereses particulares. El C fue defendido por **Durkheim** y el **fascismo**, pero puede adaptarse con variantes a diversos **regímenes políticos**, entre ellos el **populismo** latinoamericano. Algunos autores contraponen el C al **pluralismo** (ver).

Corporativismo estatal: Tipo de **corporativismo** en el que la **representación de intereses** tiene como principal actor al **Estado**, ocupando las **corporaciones** un lugar subordinado. El ejemplo más clásico es el del **fascismo**, pero Schmitter menciona también los casos de Portugal, **España, Brasil, Chile, Perú, México** y Grecia, en algunos momentos históricos, más la **Alemania nazi** y la **Francia** de **Pétain**. Para Schmitter el CE se encuentra ligado a un tipo de Estado neo-mercantilista, antiliberal, **capitalista** atrasado y autoritario. Manoilesco lo llama **corporativismo subordinado.** Opuesto: **corporativismo social.**

Criptocracia: Gobierno oculto, paralelo al oficial, formado por **grupos económicos** que imponen las decisiones **políticas** y económicas al gobierno formal. Es lo que **Bobbio** llamó **"gobierno invisible".**

Crisis de gobierno: Cuestionamiento de los hombres que ocupan la cúpula del **Estado** que no afecta al **régimen** ni al Estado en sí mismo. La CG se caracteriza por la inestabilidad **política**, cuando los gobernantes se ven obligados a dejar sus cargos antes de los plazos legalmente establecidos. Incluye elementos como: rápidos y contradictorios cambios en las medidas tomadas, pérdida de autoridad del **aparato estatal** y tironeo entre diversos grupos. O´Donnell señala que es la **historia** "normal" de América Latina.

Crisis de hegemonía (Antonio Gramsci): Crisis de **consenso**, la CH implica que la **clase dirigente** ya no es tal pasando sólo a ser **clase dominante**, es decir a basar su dominio no en el consenso -centrado en la **sociedad civil**- sino en la fuerza -centrada en la **sociedad política**-. Situación en que el dominio ideológico de una **clase social** por sobre el conjunto de la **sociedad** se debilita y comienza a ser cuestionado por las clases sociales que hasta allí aceptaban pasivamente su **dirección intelectual y moral**. Guillermo O´Donnell definía a la CH como a una **crisis de dominación celular**, donde se cuestionan los aspectos esenciales de la dominación **capitalista** (como el papel de la **burguesía** como **clase dominante**).

Crisis de la democracia (Leonardo Morlino): Expresión que refiere al quiebre estructural del **régimen político** democrático, por ejemplo, en el contexto de un **golpe de Estado** o de una **revolución**. Se diferencia, en este sentido, de la **crisis en la democracia**.

Crisis de legitimidad: Resquebrajamiento del **consenso** y los valores básicos en una **sociedad**. Desacuerdo entre los grupos sociales y políticos respecto de las reglas de sucesión en el **poder** y falta de creencias compartidas por gobernantes y gobernados sobre los fines del **gobierno** y de la sociedad.

Crisis de régimen: Cuestionamiento del modo en que los hombres acceden al **Estado** o del manejo que de él hacen. Si bien es una crisis más profunda que la **crisis de gobierno**, no afecta al Estado en sí mismo. Según O´Donnell, la CR se basa en la pretensión de ciertas *élites* poderosas de cambiar los mecanismos de acceso al gobierno y los criterios de representación. Por ejemplo, son los casos en que dos sectores de las *élites* compiten por el control del gobierno. Pero no hay un cuestionamiento de la dominación **burguesa**; sólo se propone cambiar ciertas reglas de juego de esa **dominación**.

Crisis de representación: Crisis en la estima del **sistema** institucional formado por el **Estado**, los **partidos políticos** y otras **instituciones** representativas, resultado del abismo creciente entre éstas y las opiniones e intereses de la **ciudadanía**. La CR se produce, por ejemplo, cuando los procedimientos partidarios para seleccionar candidatos y tomar decisiones están divorciados del **ciudadano** común. La sensación general es que las expectativas depositadas en los representantes fueron -y volverán a ser- defraudadas derivando entonces en un descreimiento global de la **política** como forma de mejorar la **sociedad**. Esta CR puede provocar el surgimiento de figuras provenientes de contextos alejados de la política, como el espectáculo, el deporte o los negocios.

Crisis del Estado: Cuestionamiento de los fundamentos mismos de la **dominación**. Supera en su profundidad a una mera **crisis de gobierno** o de **régimen**.

Crisis en la democracia (Leonardo Morlino): Deficiencias y debilidades que afectan al **régimen político** democrático, cuestionando su **gobernabilidad** (por ejemplo, la llamada **sobrecarga de demandas**) pero sin conmover las **estructuras** básicas que hacen al funcionamiento de la **democracia** en sí. Se opone, por lo tanto, a la **crisis de la democracia**.

Crisis orgánica (Antonio Gramsci): Crisis del **Estado** en su conjunto, esto es, de los modos habituales de compromiso entre **clases dominantes** y **dominadas**. Situación en que las clases hegemónicas en una **sociedad** sufren una crisis de representatividad, pierden su capacidad para ser dirigentes del conjunto por el debilitamiento de su **legitimidad**, y en la que las **masas** abandonan a los **partidos** ligados a los intereses dominantes (los "partidos tradicionales"). A partir de una CO puede madurar el traspaso a una nueva forma de Estado, liderada por un nuevo **bloque histórico** encabezado por la **clase social** más revolucionaria, agrupada en partidos revolucionarios (para **Gramsci**, el partido **comunista** o partido **obrero**), -aunque también es posible la aparición de alguna forma de **cesarismo** que evite que la CO derive en una **revolución**-. De hecho, Gramsci sacó importantes conclusiones del fracaso del *bienio rosso* de 1919-20, cuando se produjo una CO pero la clase obrera no tenía un partido revolucionario para aprovechar la situación (por eso, Gramsci rompió con el Partido **Socialista** y fundó el PC).

***Cuadernos de la cárcel* (Antonio Gramsci, 1929-1935):** Escritos de **Gramsci** en su etapa carcelaria. Versan sobre diversas cuestiones, cuyo centro es analizar cuáles son las condiciones ideológicas, políticas, económicas y culturales para la **revolución socialista** en el **capitalismo** occidental. Fueron reescritos por Togliatti, bajo las directivas del **PCUS** de **Stalin** y sólo se publicaron más de diez años después de la muerte de Gramsci.

Cuadro administrativo (Max Weber): Grupo de personas que trabajan en la administración del **Estado** o de alguna otra organización burocrática. El CA está vinculado con el detentador del **poder** político por dos medios que afectan directamente su interés personal: la retribución material y el honor social.

Cuadros: Los dirigentes más activos y preparados de un **partido político**. Se aplica en particular a los partidos **comunistas**.

Cuasilegitimidad (Guglielmo Ferrero): Situación de **legitimación** pasiva del **poder** provocada por la incapacidad del **gobierno** para satisfacer las crecientes expectativas que nacen en la **sociedad**.

Cuerpo administrativo (Max Weber): Conjunto de los funcionarios del **Estado**. El CA obedece al detentador del **poder** por creencia en su **legitimidad**, pero también por la obtención de retribuciones personales (**dinero**, por ejemplo) y **honor** social (**prestigio**, por ejemplo). Eso explica por qué "acepta" no tener la propiedad de los medios materiales de administración (formados por el dinero que gasta, los edificios que habita, las herramientas de trabajo cotidiano, etc).

Cuerpos intermedios: Término vinculado al léxico del **corporativismo** que refiere a **instituciones** que median entre el **individuo** y el **Estado**. Los **gremios medievales**, la **Iglesia**, las asociaciones profesionales o un club son ejemplos de CI. El vocablo es particularmente importante en el marco de la **Doctrina Social de la Iglesia** y de la **teoría de Durkheim**.

Cuestión de confianza: Ver **voto de confianza**.

Cultura política (Gabriel Almond y Bingham Powell): Conjunto de creencias, **valores** y capacidades que son comunes al total de la **población** de una **sociedad**. La CP es el aspecto **subjetivo** y patrón de actitudes individuales, que refleja la orientación con respecto a la **política** para los miembros de un **sistema político**.

Cultura política de súbdito (Gabriel Almond y Bingham Powell): En la teoría **funcionalista**, orientación pasiva hacia el **sistema político**, sin participación en las **estructuras de insumo**. Son grupos o sociedades que no influyen en las decisiones políticas.

Cultura política parroquial (Gabriel Almond

y **Bingham Powell**): En la teoría **funciona-lista**, ninguna o poca conciencia sobre el funcionamiento de los **sistemas políticos** nacionales. Se da en **sociedades tradicionales**, rurales y **subdesarrolladas**.

Cultura política participante (Gabriel Almond y Bingham Powell): En la teoría **funcionalista**, orientación hacia las estructuras de **insumo** y la articulación de las **demandas** y toma de decisiones. Para esta corriente, la CPP se da en **sociedades modernas** y **desarrolladas**, siendo **EE.UU.** el modelo a seguir.

Cultura política pedigüeña: El **término** se utiliza para describir la conducta de las **clases dominantes** en relación con el **Estado**, consistente en la presión para estatizar las pérdidas y privatizar las **ganancias**.

D

D´ Hont: Sistema electoral de **representación proporcional** creado por el belga Víctor D´ Hont por el que los **votos** de cada **partido** se dividen por 1, 2, 3…, hasta el número que coincida con los cargos en juego. Los cocientes se ordenan de mayor a menor y se considera divisor común al cociente cuyo número coincide con el número de cargos. Luego, se divide el total de votos de cada partido por ese divisor común. Por ejemplo, si hay cinco cargos en juego y el partido A obtiene 40 mil votos, el B, 33 mil, el C, 28 mil, y el D, 18 mil, los cocientes serán: A = 40.000, 20.000, 13.333, 10.000, 8.000, B = 33.000, 16.500, 11.000, 8.250, 6.600, C = 28.000, 14.000, 9.333, 7.000, 5.600, D = 18.000, 9.000, 6.000, 4.500, 3.600. El divisor común será el que ocupe el quinto lugar (porque son cinco los cargos a repartir), en este caso, 18.000. Ese cociente, entra una vez en los partidos B, C y D, pero dos veces en A. Por lo tanto, A se llevará dos cargos y el resto uno cada uno.

De facto: De hecho, por fuera de la **norma**. Dícese de los jefes de **Estado** o de **gobierno** que ejercen el cargo sin atenerse a la legalidad constitucional. Opuesto: **de jure**.

De Iure: De **derecho**. Opuesto: **de facto**.

Decisionismo (Carl Schmitt): Teoría de la **Ciencia Política** que plantea la voluntad de **poder** y el carácter personalista de la decisión **política**. La Ciencia Política sería la descripción de la pura **dominación**, ejecutada por la voluntad de su autor y el **consenso** de los dominados. **Schmitt** reivindica el poder de decisión del **Estado** como recurso para mantener su **soberanía**. El D se opone al normativismo, que plantea que toda decisión política se deduce de **normas** positivas.

Decreto: Resolución legislativa dictada por el **Parlamento** o por el **Poder Ejecutivo**. A diferencia de la **ley**, el D es una disposición de tipo particular, limitada en sus alcances en cuanto al tiempo, lugar y personas a las que se aplica. Habitualmente, los D son utilizados por **dictaduras**, pero también han apelado a ellos los **gobiernos** constitucionales.

Decreto ley: Ley o resolución de tipo legislativo dictada por el **Poder Ejecutivo**, que reforma ciertas leyes y que necesita de una aprobación posterior del **Parlamento**. El DL se originó en **Francia**, con posterioridad a la **Crisis del 30**, como un medio de enfrentar situaciones de emergencia.

Demagogia: Aristóteles la define como el gobierno o la **soberanía** de la **masa** y no de la **ley**. La D es una de las formas impuras de **gobierno**, deformación de la **democracia**. El demagogo es un **líder**, por lo general carismático, que alaba a la masa y arrastra su voluntad con un **discurso** confuso, en forma irreflexiva y pasional y a cambio de determinadas concesiones.

Demandas: En la **teoría de sistemas**, las D pueden ser de **bienes** y **servicios** (aumento salarial), de regulaciones de **conductas** (ley de **matrimonio**), de participación (**derecho al voto**) o de **comunicación** (derecho a la **información**). Las D afectan las **políticas** o fines del **sistema**.

Democracia (siglo V a.C. →): Régimen político que postula la participación del **pueblo** en el **gobierno**. Según la definición clásica de A. **Lincoln**, es el gobierno del pueblo (origen y justificación), por el pueblo (organización y titularidad) y para el pueblo (su finalidad). Para **Pericles,** la D se basa en que la administración de los asuntos **públicos** no pertenece a unos pocos sino a muchos. Según la clasificación de **Aristóteles, poder** soberano de los hombres libres (ricos o pobres, con predominio de éstos) no basado en la **ley** (y, por lo tanto, deformación de la **república**, una de las tres formas impuras o deformadas de gobierno, junto con la **tiranía** y la **oligarquía**). Aristóteles plantea que cuando el pueblo gobierna en su conjunto, siendo un "monarca de mil cabezas", abandona la ley y se convierte en déspota. Es así, una D demagógica, basada en arbitrariedades y decretos. A pesar de ello, para Aristóteles, la D es el más tolerable de los gobiernos degenerados; su característica es la libertad. Autores contemporáneos, como Touraine o **Bobbio,** definen a la D como un procedimiento de libre **elección,** a intervalos regulares, de los gobernantes por los gobernados priorizando a la D como un **sistema** de reglas antes que como un **régimen político** con un contenido determinado. También existen diferencias en cuanto a si la D descansa sobre el conflicto o sobre el **consenso.** Históricamente, la D surgió en Atenas en el siglo V a.C., bajo la forma de la *Polis*, para ir perdiendo peso durante la **Edad Media,** hasta su rescate con las **revoluciones burguesas** en **Inglaterra, EE.UU.** y **Francia,** entre fines del siglo XVII y fines del siglo XVIII, inspiradas en las reflexiones acerca de la D de John **Locke, Montesquieu** y Jean J. **Rousseau.** El **marxismo** plantea que la D, por ser un régimen político del **Estado,** siempre responde al interés de la **clase dominante**; así, bajo el **capitalismo** no se puede hablar de "D" a secas sino de **D burguesa,** es decir, la **dictadura** del **capital.** Entre otros argumentos, el marxismo plantea que los resortes fundamentales del Estado (la **burocracia** de funcionarios y tecnócratas, la policía, las **fuerzas armadas** y de seguridad, los jueces, etc) jamás se someten a la votación popular y que los **partidos políticos capitalistas** son los únicos que tienen recursos suficientes (provenientes de la propia clase burguesa) y los **medios de comunicación** (que son empresas capitalistas) a su disposición para darse a conocer. Por estas razones y otras, los marxistas sostienen que la D burguesa es "un guante de seda sobre el puño de hierro del poder burgués". Por el contrario, la **dictadura del proletariado** es, a la vez, una D de los **obreros** y de los **trabajadores** en general.

Democracia antigua: Democracia ateniense, activa y directa, por parte de los hombres libres, los únicos considerados **ciudadanos** (ya que los extranjeros y los **esclavos** no participaban por no tener derechos políticos).

Democracia burguesa (marxismo): Régimen político del **capitalismo** donde la **burguesía** ejerce una **dictadura** fundamentada en la **propiedad privada** de los **medios de producción**, pero que toma la forma **política** de aparente igualdad entre explotadores y explotados. La DB es lo que habitualmente se denomina como "**democracia**" a secas, término al que los **marxistas** le agregan el de "burguesa" en referencia al carácter de **clase** de esa democracia y al interés social que representa y defiende.

Democracia censitaria: Según **Aristóteles**, **democracia** donde se otorgan los cargos o magistraturas a los que pagan un censo (un **dinero**) determinado.

Democracia como compromiso (Max Weber): **Modelo** de **democracia** weberiano, centrado en acuerdos intersectoriales **corporativos**, con un importante control parlamentario **pluralista** y un liderazgo **carismático**. La DCC sentó las bases del **modelo de democracia consensuada** y del **neocorporativismo**.

Democracia consociativa: Modelo de **democracia** característico de **sociedades** heterogéneas o fragmentadas social, política o culturalmente, necesitadas de la institucionalización de amplios consensos para solucionar el problema de **gobiernos** con mayorías débiles. Según Arendt Lijphart, la DC se basa en grandes **coaliciones** formadas con líderes de diversos sectores políticos, con posibilidad de veto mutuo por parte de las minorías y **representación proporcional**, con el fin de favorecer prácticas deliberativas y participativas que refuercen la **legitimidad** del **régimen político**. Sus críticos resaltan la fragilidad de las alianzas, el peligro del veto recíproco y la posibilidad de parálisis institucional.

Ejemplos: Holanda y Bélgica. Se contrapone a la **democracia mayoritaria**.

Democracia cristiana: Doctrina política que busca conciliar los principios del **cristianismo** y la **democracia**. Surgió a partir de la influencia de la **encíclica** *Rerum Novarum* de **León XIII** (1891). Es muy importante en algunos países, como **Italia** y **Chile**.

Democracia de equilibrio (Joseph Schumpeter): Presencia de muchas *élites* que compiten por el **voto**. Mientras que para **Mosca** y **Pareto** las *élites* se imponen, para **Schumpeter** se proponen.

Democracia de masas: Democracia en la que participan todos los **ciudadanos**. Surgida con la aparición de los **partidos socialistas y obreros**, la DM se opuso a las primeras formas de **democracia representativa**, propias del siglo XIX.

Democracia delegativa (Guillermo O´Donnell, década de 1990): Tipo de **democracia** en la que el **pueblo** se limita a delegar en el **Poder Ejecutivo** todas las decisiones, **poder** que decide a voluntad y que –sólo en caso de ser necesario– apela al apoyo de las **masas**, a las que prefiere mantener pasivas. Este último rasgo es lo que diferencia a la DD del **populismo**. Otras denominaciones análogas: **democracia emergente, democracia híbrida, democracia restringida**.

Democracia directa: Régimen político donde los **ciudadanos** dotados de derechos políticos se reúnen en **asambleas** para tomar las decisiones **políticas**, así como los controles y las ejecuciones, sin designar representantes. No existe **separación de poderes** de las **funciones** ejecutiva, legislativa y judicial. La **democracia**

antigua griega es su ejemplo más conocido: allí el **pueblo** reunido en asamblea, directamente ejercía el **poder**, gobernaba, dictaba normas y sus ciudadanos se turnaban para ocupar cargos **públicos**, a los cuales se accedía por sorteo y por breves lapsos. Con diferencias en cuanto a su carácter de **clase**, los **cantones** suizos y los *soviets* de la **Revolución Rusa** también son ejemplos de DD.

Democracia emergente: Democracia no consolidada, con discresionalismo del **Poder Ejecutivo**, **clientelismo** y **prebendarismo** (ver también **democracia delegativa**).

Democracia empírica (Joseph Schumpeter, 1942): Modelo de **democracia** basado en la **competencia** entre las *élites* por el **voto** popular, como el **método** más eficaz para seleccionar a los **líderes** políticos. Rompiendo con la tradición roussoniana heredada del siglo XVIII, **Schumpeter** descree de la idea de que el **pueblo** decida por sí mismo y rechaza la existencia del **bien común** y la **voluntad general**.

Democracia formal: Ver **democracia liberal**.

Democracia gobernada: Ver **democracia indirecta**.

Democracia gobernante: Ver **democracia directa**.

Democracia híbrida: Ver **democracia delegativa**.

Democracia indirecta: Democracia que se basa en el **gobierno** de **representantes** del **pueblo** elegidos por éste.

Democracia instrumental: Aspecto de la **democracia** que aborda sus aspectos ins-

trumentales o de procedimiento, las reglas de juego de la democracia. Opuesto: **democracia sustantiva**.

Democracia liberal (Inglaterra, principios del siglo XIX): La DL surgió como un modo de proteger al **individuo** del **Estado** y resguardar sus derechos y **propiedades**. Posteriormente se la identificó con la **democracia formal**, aquella que cumple con los requisitos de procedimiento –la igualdad jurídica- pero desatiende requerimientos básicos de la **población**.

Democracia limitada: Ver **democradura**.

Democracia madisoniana (Robert Dahl): Describe al **régimen político** democrático donde rige el **gobierno** de la **ley** por sobre el gobierno de los hombres.

Democracia mayoritaria: Democracia basada en un **sistema electoral** mayoritario. Según Lijphart, se caracteriza por la fusión de funciones ejecutivas y legistlativas, un **sistema de partidos** basado en las reglas del **bipartidismo**, centralización política de tendencia **unitaria** y **Constitución** no escrita. **Sartori** plantea que la DM, al basarse en la regla de la mayoría, facilita la toma de decisiones, ya que éstas quedan en manos del **partido** en el **gobierno**. El caso inglés es el paradigma de la DM: dos partidos institucionalizados, con altas posibilidades de rotación, **parlamentarismo**, homogeneidad social, estabilidad y **gobernabilidad**. Se le critica a este modelo la falta de consenso en la toma de decisiones. Se contrapone a la **democracia consociativa**.

Democracia moderna: Ver **democracia liberal**.

Democracia obrera (marxismo): Régimen

político de la **clase obrera** en el **poder** en la fase de transición del **capitalismo** al **comunismo**. Según **Marx**, se caracteriza por la más amplia **democracia** para los **trabajadores**, quienes ejercen una **dictadura** sobre la **burguesía**, **clase social** explotadora destituida del poder político y económico a partir de una **revolución socialista**. De este modo, la DO es, al mismo tiempo, la **dictadura del proletariado** (ver).

Democracia parlamentaria: Ver **parlamentarismo**.

Democracia participativa: Democracia con intervención de la **comunidad** en el manejo de los asuntos **públicos** y una distribución más equitativa de la riqueza. La DP pretende ser una alternativa frente a las limitaciones de la **democracia representativa**.

Democracia plebiscitaria: Régimen político democrático sustentado en una mayoría no **pluralista**, dependiente de un **líder**.

Democracia poliárquica (Robert Dahl): Describe al **régimen político democrático** donde rige el **gobierno** de las reglas, centrado en una **poliarquía** o conjunto de las *élites* que se alternan en el **poder** a través del **voto** popular. Opuesto: **democracia populista**.

Democracia popular: Nombre de los **regímenes políticos** de los países del **bloque soviético**, caracterizados por un **partido único**·o **hegemónico**: el **Partido Comunista**, de **ideología stalinista**.

Democracia populista (Robert Dahl): Describe al **régimen político democrático** donde rige el **gobierno** de la mayoría soberana. Opuesto: **democracia poliárquica**.

Democracia presidencial: Ver **presidencialismo**.

Democracia representativa: Democracia basada en representantes, donde las deliberaciones colectivas -es decir aquellas que involucran a todos- no son tomadas directamente por quienes forman parte de ella, sino por personas elegidas para ese fin. El **Estado** parlamentario es una aplicación particular del principio de **representación**. Opuesto: **democracia directa**.

Democracia restringida: Democracia **formal** con participación popular limitada (ver también **democracia delegativa** y **democracia emergente**).

Democracia semidirecta: Democracia **representativa** a la que se le agregan formas de consulta al **pueblo**, tales como el *referéndum*, el plebiscito, la **revocatoria de mandatos**, la **consulta** popular, la **iniciativa popular**, el *recall*, etc.

Democracia social: Democracia donde se atiende a las necesidades sociales a través de un **Estado Benefactor**.

Democracia sustantiva: Ejercicio de la **ciudadanía** por parte de los gobernados, lo que incluye el uso de las libertades, el **pluralismo**, el respeto a las minorías, etc. Opuesto: **democracia instrumental**.

Democracia tutelar: Ver **dictablanda**.

Democradura: En el llamado proceso de **transición a la democracia**, situación en la que -ya iniciada la democratización- se mantienen restricciones a la libertad, por lo que se habla de **democracia limitada**.

Democratización: En la **teoría** de la **transi**-

ción a la democracia, la D es el momento en que las **instituciones** autoritarias ya han sido desplazadas por otras de tipo democrático tales como el **sufragio**, la libre información, un **sistema de partidos, elecciones, pluralismo**, surgimiento de **grupos de interés**, fijación de relaciones entre el **Poder Legislativo** y el **Poder Ejecutivo**, etc.

Democratizante: Proveniente de la terminología **marxista**, el término D alude a la posición **política** que sostiene el carácter universal de la **democracia**, por encima de los intereses de las **clases sociales**.

***Demos* (Grecia antigua):** Unidades de **gobierno** local de la *Polis* ateniense. Cumplían funciones municipales y de policía.

Demoscopía: Técnica de **investigación** que estudia el comportamiento de la **opinión pública**.

Derecha (1789 →): Desde la época de la **Revolución Francesa**, la D representa a aquellos intereses sociales que detentan el **poder** económico, social, cultural, ideológico y político dominante y que –por consiguiente– defienden el orden social vigente –su régimen de **propiedad**, sus **relaciones de producción**, sus valores, sus **instituciones**, sus **leyes**, su **religión**– y se oponen a todo tipo de transformaciones, ya sean totales y **revolucionarias (izquierda)** o parciales y **reformistas (centro)**. Para **Bobbio**, la D representa el ideal de una **sociedad** jerarquizada. Existen diferentes variantes de D: así, se habla de una D **liberal, conservadora, nacionalista, fascista**, etc.

Derecho de rebelión: Según **Locke** y **Rousseau**, **derecho** que el **contrato social** confiere al **pueblo** para destituir por medio de la violencia a un gobernante opresor,

a quien se considera violador del pacto. En **Hobbes**, el DR no existe, ya que los **individuos** al firmar el contrato ceden todos sus derechos al soberano. Es un principio básico del pensamiento **liberal**, que luego fue reivindicado y ampliado por los demócratas **radicales** durante la **Revolución Francesa** y más tarde por los **socialistas**.

Derecho público: Rama del **Derecho** que regula la actuación del **Estado** como **poder** público, las relaciones entre las personas jurídicamente encuadradas como pertenecientes al DP, y entre éstas y los particulares. Según **Kelsen**, relación entre dos sujetos, de los cuales uno está subordinado al otro, en una relación de dominio, cuyo caso típico es la relación entre el **Estado** y sus súbditos. Welsh lo define como el estudio de las bases constitucionales y legales que regulan la existencia e interrelaciones de las entidades políticas, así como las relaciones entre éstas y los **individuos**. Ramas del DP: **Derecho constitucional, Derecho administrativo, Derecho Internacional Público, Derecho Penal, Derecho Procesal, Derecho tributario**, financiero, o **fiscal**. Opuesto: **derecho privado**.

Derechos cívicos: Derechos que se ejercen con el objeto de determinar o preparar la formación de la **opinión pública** o la voluntad política del **Estado**, tales como el derecho a ejercer la libertad de prensa, a peticionar a las autoridades, a asociarse en **partidos políticos**, a reunirse y manifestar cuando se tuviere por objeto razones políticas, etc.

Derechos políticos: Derechos que determinan la formación de la voluntad **política** del **Estado**, como el derecho a elegir o a ser elegido como autoridad **pública**.

Derogar: Anular o revocar el efecto jurídico

de una parte de una **norma** o **ley**. En este sentido, la **abrogación** se distingue de la **derogación**, ya que **abrogar** implica eliminar la eficacia jurídica del conjunto de una norma o ley, no sólo de una parte.

Derrocar: Destituir, deponer.

Desafuero: Suspensión de la inmunidad de arresto de la que goza un legislador por los **fueros** que posee, por parte de la **Cámara** a la que pertenece, con el fin de que quede a disposición del juez.

Desarrollo político: Parte de la **política comparada** encargada de estudiar los **procesos** de formación y cambio de los **sistemas políticos**. Entre sus autores se destacan Rokkan y Lipset, siendo este último quien planteó la necesidad del **desarrollo** económico como **condición necesaria** para impulsar el DP.

Desgobierno: Situación de caos o **anarquía** causada por una mala gestión de **gobierno**.

Desobediencia civil: Doctrina que establece que –dado que el **ciudadano** está por encima del **Estado**– puede desobedecer **leyes** o decisiones de organismos estatales que considere injustas. La DC fue planteada a mediados del siglo XIX por H. Thoreau y constituyó la base de la lucha de M. **Gandhi.**

Despolitización: Proceso de creciente desinterés por la **política**. La D se expresa en una **estructura social** no participativa, el individualismo y el predominio de lo **privado** por sobre lo **público**.

Despotismo: Montesquieu lo definió como el **gobierno** donde una sola persona manda sin **ley** y sin **norma** según su voluntad y capricho, siendo una de las tres formas de **gobierno** junto con la **monarquía** y la **república**. Justamente, su **teoría** del **equilibrio de poderes** surgió como una respuesta al D. F. Neumann plantea que el D puede ser ejercido por una persona o un **grupo** que monopoliza el **poder** del **Estado** sin restricciones ni intervención popular de ninguna clase (lo que diferencia al D del **autoritarismo**). El D moderno recibe el nombre de **totalitarismo** (aunque esto es dudoso ya que, por ejemplo, el **nazismo** se apoyaba en la movilización de la **masa**).

Despotismo de la mayoría: Ver **Tiranía de la mayoría.**

Despotismo ilustrado (Europa, siglo XVIII): Combinación del **absolutismo monárquico** con el impulso de **reformas** sociales y **políticas** ligadas al pensamiento de la **ilustración**. Diversos reyes, al ver debilitado el fundamento divino de su **poder**, apelaron a los argumentos legitimadores provenientes de los pensadores del **iluminismo**; así, sus atributos ya no serían mandato de Dios, sino herramientas de la razón humana y del orden natural para ser útiles a la finalidad de la felicidad del **pueblo**. El DI buscó modernizar al **Estado**, impulsar el **desarrollo** económico combinando elementos de la **fisiocracia** y el **mercantilismo**, unificar los códigos y **leyes**, establecer la **educación** obligatoria, limitar el poder de las **corporaciones** y la **Iglesia** y gravar a los **latifundios** para debilitar a la **nobleza**. Uno de los objetivos del DI fue evitar la imposición de demandas republicanas por parte del **pueblo** –donde se incluía entonces a la creciente **burguesía**-, bajo el principio de "**todo para el pueblo, pero sin el pueblo**". Aunque surgió en **Francia**, sólo se consolidó en las regiones europeas más atrasadas. Así, entre otros monarcas, fueron influidos por la ilustración Federico II de **Prusia**, Catalina II de **Rusia**, José II de Austria y Carlos III de **España**. El DI fue un régimen de transición entre el **absolutismo** y el **Estado liberal** moderno; con la **Revolución Francesa**, estos reyes "modernizados" se aliaron nuevamente al **clero** y la nobleza contra la burguesía y el **pueblo llano**, defendiendo un régimen autocrático. Pero entonces ya sería tarde: la burguesía tomaría conciencia de que estaba en condiciones de tomar el poder.

Destitución popular: Ver *recall*.

Dictablanda: En el llamado proceso de **transición a la democracia**, situación en la que el sistema **autoritario** tolera y promueve la liberalización. Así, existe D donde las **fuerzas armadas** han insistido en retener sus prerrogativas **políticas** dentro de regímenes normalmente civiles y se han asegurado el **derecho** de **voz** y voto en cuestiones de "seguridad nacional". También llamada **democracia tutelar** por algunos autores, como Fich.

Dictadura: Según la **Ciencia Política**, la D es un **gobierno** autoritario que impone su mandato al margen de las **leyes** constitutivas y por encima de la voluntad popular. Encontramos D de una persona, de un **grupo** o **clase social**, **D militares**, etc. La D implica la limitación o supresión de un conjunto de libertades, entre ellas la de ejercer la oposición. Según el **marxismo**, la D es la forma de **opresión** de una **clase dominante** sobre las clases a las que oprime, independientemente del carácter del **régimen político** (por ejemplo: en el **capitalismo**, hay **dictadura burguesa** aunque haya un régimen político de **democracia burguesa**). Ejemplo de D: **Mussolini** en Italia, **Hitler** en **Alemania**, **Stalin** en la **U.R.S.S.**, las D militares en América Latina, etc.

Dictadura de la burguesía (marxismo): Dominio político de la **burguesía** bajo el **capitalismo**, que incluye diversos **regímenes políticos**, como **dictaduras** militares o civiles o el **bonapartismo**, siendo la **democracia burguesa** la forma de DB más habitual.

Dictadura del proletariado (Karl Marx): **Régimen político** que caracteriza al período de transición entre el **capitalismo** y el **comunismo**. La DP se produce cuando la **clase obrera** destruye a través de una **revolución socialista** el **Estado** capitalista y todas sus **instituciones** y lo reemplaza por un **Estado obrero**, con el fin de vencer la resistencia de la **burguesía**. Marx sostiene que -como todo régimen estatal- el **poder** de los obreros es una **dictadura**, porque se trata de una **clase social** que impone sus condiciones a otra clase social. La diferencia es que la DP es la dictadura de la mayoría –los **trabajadores**- sobre una minoría –los **capitalistas**-, mientras que las diversas formas de **Estados esclavista**, **feudal** o burgués son una dictadura de una minoría explotadora sobre la mayoría explotada. Sin embargo, la DP es –al mismo tiempo- un régimen de la más amplia **democracia obrera**: una **democracia directa**, con representantes electos en **asambleas populares**, que ganan lo mismo que un **obrero**, que rinden cuentas de sus actos, que pueden ser destituidos si no cumplen, con mandatos rotativos, etc. Además, la DP tiene como objetivo final la extinción del Estado, ya que la **socialización de los medios de producción** eliminará la división en clases de la **sociedad** y con ello, la necesidad de un Estado que defienda el interés de una **clase dominante**.

Dictadura militar: **Dictadura** ejercida por un **caudillo** militar o por las **fuerzas armadas** en forma institucional. Las DM han sido una constante en la **historia** latinoamericana del siglo XX.

Dieta: Retribución de los parlamentarios y otros funcionarios. Nuestra **Constitución Nacional** la regula en su artículo 74.

Dimisión: Renuncia a un cargo antes de la extinción del plazo estipulado. En el **parlamentarismo**, la **moción de censura** lleva a la D del **gobierno**.

Diputado: Miembro de la **Cámara Baja** del **Parlamento**, elegido por el **voto** directo de los **ciudadanos**.

Diputado constituyente: Miembro de una **asamblea constituyente**.

Dirección intelectual y moral (Antonio Gramsci): Hegemonía ejercida por una **clase social** sobre el conjunto de la **sociedad** a través del **consenso**. La DYM –de todas formas– siempre es complementada con la **coerción**.

Disciplina (Max Weber): Probabilidad de encontrar **obediencia** a un mandato pero de forma pronta, simple y automática, basada en actitudes arraigadas.

Disciplina (Michel Foucault): Técnica de **control social** surgida en la **Modernidad**, control minucioso que tiene como objetivo domesticar a los cuerpos de los **individuos** hasta convertirlos en cuerpos dóciles y productivos, a través del autocontrol. Específicamente, la D fue la técnica histórica de subordinación del **trabajo** al **capital**. Las D suponen tres procedimientos: la vigilancia, el **examen** y la policía.

Disciplinamiento: Alude a la acción del **poder disciplinario** para encauzar las **conductas**, premiando las que se acercan a lo esperado y castigando las desviaciones.

Disenso (Giovanni Sartori): Puesta en claro de las diferencias de intereses sobre la base de un **consenso** básico que evita que se produzcan **conflictos** de imposible resolución. El D, plantea **Sartori**, es el basamento de la **democracia**.

División de poderes: Doctrina que plantea que el **poder** estatal debe estar distribuido en tres partes, las cuales deben controlarse y equilibrarse mutuamente a partir de un **sistema** de frenos y contrapesos. La **doctrina** de la DP surgió en los siglos XVII-XVIII como reacción de los pensadores **liberales** frente al poder concentrado en la **monarquía absoluta**. **Montesquieu** elaboró su teoría de tres poderes –**Poder Ejecutivo, Poder Legislativo** y **Poder Judicial**– en 1748 sobre la base de los planteos de **Locke** (quien propuso tres poderes: ejecutivo (que también tenía atribuciones judiciales), legislativo y federativo (relaciones internacionales)). La DP ha generado diversos **regímenes políticos**, pero sin duda dos de ellos son los centrales: el **parlamentarismo** y el **presidencialismo**.

Doble poder: Existencia de un **poder** político paralelo al poder estatal, al que amenaza con derrocar. El DP es propio de una **situación revolucionaria**, en la que una **clase social** se propone derrocar a otra. El ejemplo clásico de DP es el de los **consejos obreros** o *soviets* de la **Revolución Rusa**, donde los **obreros**, **campesinos** y soldados dirigían de hecho en buena parte del país, aún antes de la toma del poder por los **bolcheviques**.

Doble vuelta: Ver **ballotage**.

Doctrina: Conjunto coherente y sistematizado de ideas.

Doctrina hierocrática: Conjunto de ideas que defienden el dominio por parte del Papa del **poder** político.

Doctrina Social de la Iglesia (1891 →): Conjunto de ideas de la **Iglesia Católica** acerca de la **sociedad**, sistematizadas en la **encíclica** *Rerum Novarum* del Papa **León XIII.** En el contexto de la **Segunda Revolución Industrial** y sus graves consecuencias sociales, y ante la creciente organización de la **clase obrera** bajo **ideologías** revolucionarias, la DSI planteó la protección estatal de los más débiles en aras del **bien común** y en oposición al **liberalismo** y al **marxismo**, planteando en los hechos un **capitalismo** con control estatal del **mercado**. Establece además la **función social de la propiedad privada** y la defensa de un **salario** justo (lo que legitima, por lo tanto, la **institución** burguesa del **trabajo asalariado**).

Dominación: Existencia de una relación de desigualdad entre dos o más sujetos, por la cual uno de ellos obedece al otro. En este sentido, la D sería la suma del **poder** y la **influencia**. **Weber** definió a la D como la probabilidad de que un mandato con contenido determinado sea obedecido por un conjunto de personas. Se puede obedecer a algo o alguien por **costumbre**, por conveniencia, por convencimiento o por muchos otros **motivos**. En este sentido, Weber propuso los **tipos de dominación**. La **política** –sostiene Weber- es también el arte de lograr ser obedecido. Para **Marx**, la dominación se basa en razones materiales: la **propiedad privada de los medios de producción**: la **clase** propietaria explota y domina a la clase no propietaria.

Dominación estamental (Max Weber): Tipo de **dominación patrimonial** en la que los poderes de mando y las probabilidades económicas que ofrece están apropiadas por el **cuadro administrativo**.

Dominación legítima (Max Weber): Dominación que tiende a ser aceptada y mantenida. **Weber** planteó tres **tipos puros de** DL: **racional-legal, tradicional** y **carismática**.

Dominación patrimonial (Max Weber): Dominación primariamente ordenada por la **tradición**, pero ejercida en **virtud** de un **derecho** propio (basado en el patrimonio).

Dominación sultanista (Max Weber): Tipo de **dominación patrimonial** que se mueve -en lo administrativo- en la esfera del arbitrio libre, independientemente de la **tradición**.

E

Ecclesia **(Grecia antigua):** Órgano **legislativo** y **ejecutivo** de la **democracia directa** ateniense, **asamblea** de deliberación y decisión por parte de los miembros de la *Polis*. En ella participaban todos los **ciudadanos** varones mayores de veinte años.

Economía y sociedad **(Max Weber, 1920):** La obra más importante de **Weber**, publicada un año después de su muerte sin que haya podido terminarla. En ella, Weber desarrolla aspectos esenciales de su **teoría** sociológica **comprensivista:** los **tipos ideales de acción social**, los **tipos ideales de dominación**, el análisis de los **partidos políticos** y los **estamentos**, la **burocratización** creciente, etc.

Eficacia: En general, es eficaz el que cumple los objetivos que se propuso. En **Ciencia Política**, es la capacidad de un **gobierno** para solucionar los problemas básicos de la **sociedad** en forma satisfactoria, desde el punto de vista de las personas afectadas.

Eficiencia: En términos generales, se considera que se obra con E si se obtiene un resultado buscado del mejor modo, con el menor esfuerzo y al menor **costo**. En **Ciencia Política** en particular, la E está vinculada a la capacidad de un **gobierno** para llevar a la práctica las **políticas** que formula, optimizando sus recursos.

Ejecutivo dual: Ver **semipresidencialismo**.

Ejecutivo dualista: Ver **semipresidencialismo**.

El contrato social (Jean J. Rousseau, 1762): Rousseau abandonó la idea del hombre malo de **Hobbes** y el individualismo de **Locke**, para hablar de la "voluntad general" buscando achicar las desigualdades de su país (una **sociedad** como la francesa, basada en las desigualdades sociales, era contraria a la naturaleza humana y a la libertad). Rousseau vio a un hombre naturalmente bueno, pero que se pervierte cuando entra en la sociedad a través del **contrato social**. Para él, la sociedad supera la simple suma de **individuos** para formar una realidad propia. El egoísmo y la guerra pertenecen a la sociedad y no al **estado de naturaleza**. La sociedad no surge de un contrato basado en los intereses individuales, sino que es un vínculo entre **ciudadanos**. El hombre nace libre (estado de naturaleza) pero vive encadenado (**sociedad**), porque es en la sociedad donde aparece la **propiedad**, que es el origen de todos los males. Esta idea hace que Rousseau sea el teórico burgués más polémico para la propia **burguesía**. Los derechos a la libertad, la igualdad y la propiedad no son naturales -como en Locke- sino derechos de los **ciudadanos**. Su objetivo era subordinar los intereses particulares a la voluntad general, en una sociedad más solidaria. La única obediencia legítima -según Rousseau- es a las leyes que surgen de esa voluntad general, perteneciendo la **soberanía** al **pueblo** como cuerpo social. Su teoría representaba a la burguesía frente a la **aristocracia**, pero con una idea más democrática que la de Locke -que era más elitista- ya que para éste la democracia sólo era para los propietarios.

El espíritu de las leyes (Charles L. Montesquieu, 1748): Libro que describe la teoría de la **división de poderes: Poder ejecutivo, Poder Legislativo y Poder Judicial**, y su equilibrio recíproco. Fue la base del **liberalismo político** y de la lucha contra el **despotismo** de las **monarquías** de la época. Confiando en leyes naturales universales y en la utilidad de la razón, Montesquieu veía a las leyes del desarrollo de la **sociedad** como si fueran relaciones naturales. Tomando a **Locke**, creó una teoría de las limitaciones de los poderes para proteger al **individuo** frente al poder público. Sin embargo, abandonó la idea del **contrato social**, reemplazándola por un proyecto para el estudio del **gobierno** en base a la comparación de **instituciones**. Montesquieu quería enfrentar a la **monarquía absoluta** a la que consideraba un peligro para **Francia**, analizando los medios para preservar la libertad a través de una **Constitución**.

El Estado y la revolución (V. I. Lenin, 1917): Obra escrita por **Lenin** en las vísperas del triunfo de la **Revolución Rusa**. En ella, desarrolló las bases prácticas de la **dictadu-**

ra del **proletariado**, denunciando lo que entendía como el carácter fraudulento de la **democracia burguesa** y exponiendo las condiciones de la extinción del **Estado** y toda forma de opresión.

El Federalista (**Alexander Hamilton, James Madison y John Jay, 1787**)**:** Conjunto de artículos que constituyeron una de las bases ideológicas de la **Constitución de EE.UU.** Así, Hamilton sostuvo la necesidad de un **Poder Ejecutivo** fuerte y un **Estado federal**, para unificar al país y combatir la **anarquía**. En este sentido, *EF* recibió críticas: T. Jefferson era partidario de un **gobierno** menos centralizado, al igual que Alexis de **Tocqueville.**

El Príncipe (**Nicolás Maquiavelo, 1513**)**:** Obra fundamental de **Maquiavelo**, en la que justificó teóricamente la concentración del **poder** político en el monarca, para superar la atomización propia de la **estructura feudal**. En *EP*, Maquiavelo dio consejos a los gobernantes de Florencia (los Médici) para lograr la unidad de **Italia**, país que estaba fragmentado en pequeñas **ciudades-Estado** independientes, y que por eso se veía perjudicada ante la unidad de sus vecinos (**Francia, Inglaterra**, etc). Maquiavelo analizó los modos de conquistar y mantener el poder, con la idea de consolidar al **Estado** –el Príncipe-. Para ello, planteaba revalorizar lo terrenal y lo humano, tanto tiempo subordinado a Dios. El hombre podía ahora cambiar las cosas y ser distinto. La **política** debía ser una actividad humana y la **sociedad** debería ser ordenada por el Estado.

Elección: Votación que se realiza con el fin de elegir representantes para cargos **públicos. Comicio.** Dicha votación puede ser directa (el conjunto de los votantes) o in-

directa (por ejemplo, por medio de un **colegio electoral**). Hay elecciones competitivas (democráticas: libertad para elegir y ser elegido, **pluralismo**, alternancia en el **poder**, credibilidad, transparencia), semi-competitivas (**autoritarismo**) y no competitivas (**totalitarismo**).

Elecciones internas: Votación interna que hace un **partido político** para elegir sus candidatos para las **elecciones generales**. La EI pueden ser cerradas (sólo votan los afiliados) o abiertas (pueden votar los afiliados y todo el padrón no afiliado a ningún partido político).

Election agent: Ver *boss.*

Élite: **Grupo** social minoritario con privilegios o cualidades especiales (riqueza, **cultura**, sabiduría, experiencia, valentía, etc) que le permiten ejercer **poder**. Ejemplos: los **aristócratas** (**sociedades tradicionales**), los banqueros y monopolistas (**sociedad capitalista**), intelectuales, científicos, dirigentes políticos, etc. W. **Pareto**, G. **Mosca** y R. Michels (ver **ley de hierro de la oligarquía**) han sido quienes más han desarrollado la **teoría de las E.**

Encuesta: Relevamiento de **información** con el fin de extraer de ella **datos** para ser elaborados según la orientación de una **hipótesis** de trabajo planteada. Por ejemplo, E de opinión, motivacionales, de productos, para diseñar estrategias publicitarias, etc. Se pueden implementar a través de **cuestionarios** o **entrevistas.** De acuerdo con Bosch y Torrente, las fuentes de error en las E pueden ser: de **muestreo** (elección incorrecta de la **muestra**), de cobertura (por ejemplo, si la E es domiciliaria y la persona no está), de (no) respuesta (la persona puede no querer responder determinadas preguntas o temas) y de estimación (la posibilidad de que el entrevistado mienta, no entienda o malinterprete respecto de lo que se le pregunta).

Ensayo sobre el gobierno civil (John Locke, 1690): **Locke** es el teórico del **liberalismo** y su **teoría** se vincula con la **Revolución de 1688**. Locke partió de un **estado de naturaleza** racional (para **Hobbes** era irracional), donde no había una **guerra de todos contra todos** sino asistencia mutua. Considera que los hombres tienen derechos innatos naturales e inviolables, en particular la **propiedad privada**. Con el **contrato social**, el hombre conserva sus derechos y puede invocarlos ante el gobernante, quien puede ser revocado por el **pueblo**. El **individuo** es más importante que el **Estado**, el que sólo es un garante de los derechos de aquél. Su obra representó los intereses de la **burguesía capitalista** que requería garantías para sus propiedades y libertad de **producción** y **comercio**. Su **modelo** político limitaba la **democracia** a la participación de los propietarios (cuando Locke habla de "individuos" se refiere a los propietarios y no a cualquiera).

Entorno (teoría general de sistemas): Medio que rodea a un **sistema**.

Entradas: Ver *inputs*.

Escaño: Ver **banca**.

Escisión: Ruptura, separación. Se utiliza para hacer referencia a fracciones de un **partido político** que rompen con éste y se suman a otro o crean uno nuevo.

Escrutinio: Recuento de los **votos** al cerrar una **elección**.

Espontaneísmo: Doctrina política que otorga importancia a la práctica espontánea, en desmedro de la **organización**. En particular, dícese de la postura que descree de la necesidad de organizar a una **clase** o **grupo** social detrás de un **partido político** y un **programa** estructurados.

Estado: La **Ciencia Política** actual define al E como a la **organización** que impone y obtiene acatamiento de la **población** valiéndose del **poder** o **coerción** y de la **autoridad** o **legitimidad**. Se plantea que el E es el ordenador de la **sociedad**, encargado de regular los conflictos sociales provocados por el choque de intereses, **valores** y **costumbres**. El E expresa –o pretende expresar– a la vez el interés general de la sociedad y el de un **grupo** dominante. Para los griegos (**Sócrates**, **Platón**, **Aristóteles**) el E es el lugar de lo público, la *Polis*. Puede decirse que en la **Edad Media** no existió el E: todas sus funciones típicas estaban repartidas entre la **Iglesia**, la **nobleza**, los caballeros y otros grupos privilegiados. Como plantea Heller, los orígenes del **E moderno** se ubican en las ciudades-repúblicas italianas del **Renacimiento**. Es allí donde se unificaron y concentraron en el E los ejércitos, la administración, las **leyes**, las atribuciones económicas y la obediencia general. Así, el pasaje al E moderno consistió en un **proceso** por el que los medios de administración y autoridad -que eran posesión privada- se convirtieron en propiedad **pública**, en favor del monarca absoluto primero y luego del E en sí: poder militar, justicia, administración, comunicaciones, **moneda**, **impuestos**, etc. Para **Maquiavelo**, *stato* es la organización **política** de un país. Para los **contractualistas** (**Hobbes**, **Locke**, **Rousseau**), el E es el resultado del **contrato social** entre los **individuos**. Para el **liberalismo**, el árbitro imparcial entre los individuos iguales. Para **Hegel**, el E es la superación dialéctica de lo particular y lo universal, la realización de la libertad humana. Para el **marxismo**, se trata de un instrumento de la **clase dominante** (propietaria) en la **producción** para oprimir a la mayoría. Es decir que, en oposición a las visiones liberales, cristianas y **contractualistas**, el E no es neutral sino una herramienta de opresión de clase. Para **Marx y Engels**, el E es un producto del desarrollo histórico asociado al surgimiento de la **división del trabajo**, el **excedente**, la **propiedad privada** y la consiguiente formación de **clases sociales** antagónicas. Su esencia es la existencia de una fuerza armada especial para que la **sociedad** produzca según la necesidad de la clase dominante, fuerza que aparece colocada por encima de la sociedad y se divorcia de ella cada vez más. Cada E que ha existido en la **historia** está determinado por el **modo de producción** del que surgió y es un instrumento de la clase dominante en ese modo de producción. Toda clase propietaria necesita de un cuerpo armado especial, **instituciones, leyes** e ideas para defender su privilegio. De todos modos, si bien todo E expresa el interés fundamental de la clase dominante también expresa, al menos parcialmente, intereses de las clases dominadas (como lo planteara **Gramsci** a partir de su **concepto** de **hegemonía**). Para **Weber**, el E es aquel instituto político de actividad ininterrumpida, donde su **cuadro administrativo** posee el **monopolio legítimo** del uso de la violencia física. Desde un punto de vista jurídico, la mayoría de los autores sostienen que el objetivo central del E es el **bien común**. **Kelsen** considera al E como la representación metafórica de la totalidad del orden jurídico. Jellinek, por su parte, plantea que los elementos constitutivos del E son la **población**, el te-

rritorio y el **poder**, aunque otros autores agregan el **gobierno** y el **derecho**. Según O´Donnell, el E no es sólo un conjunto de **aparatos** o **instituciones**, sino el conjunto de relaciones de **dominación** "política" que colaboran en la reproducción de determinada organización de las clases en una sociedad. Por su parte, Oscar Oszlak plantea que, para que exista un E, se necesitan ciertos requisitos a los que denomina **"atributos de la estatidad"** (ver). Hay diversas **teorías** sobre el origen del E: Wittfogel defiende la "hipótesis hidráulica": el control del agua y el riego otorgó gran poder a ciertos grupos sobre los agricultores, en lo que se conoció como **"despotismo oriental"** (y que Marx describió en el **"modo de producción asiático"**). Carneiro plantea la idea de "circunscripción social": el factor inicial sería la competencia por la **tierra** a partir del crecimiento de la población, lo que habría derivado sucesivamente en **guerras**, conquistas de territorios, los primeros jefes, las primeras unidades comunales y, al fin, en la formación del E. Service distingue "niveles de integración socio-cultural": **banda, tribu**, jefatura y E. El jefe controla un determinado territorio y distribuye excedentes, asegurando la **cohesión** grupal y logrando movilizar a las **masas** como **fuerza de trabajo** o militar. Un E puede administrarse bajo diversas formas de **regímen político** y gobierno (ver ambas entradas).

Estado absolutista (Europa, siglos XVI-XVIII): **Estado** centralizado y militarizado, en manos de la **monarquía absoluta**. Fruto del **Renacimiento**, el EA es expresión política de la larga **transición del feudalismo al capitalismo**, donde –en un principio– el Estado siguió controlado por la **nobleza**, en defensa de su **propiedad** sobre la tierra. La centralización de la **soberanía** fue paulatina, y se produjo al calor de la lógica unificadora del **capitalismo mercantil**, manufacturero y marítimo que se expandía en las ciudades. De allí el papel central de estos Estados en el **proceso** de la **acumulación capitalista** o acumulación originaria. Así, el EA fue el resultado de la reorganización de la nobleza luego de la desaparición de la **servidumbre**, pero también del ascenso de la **burguesía urbana** manufacturera preindustrial. Este Estado tiene una creciente **burocratización** y la expansión de ciertos **aparatos ideológicos**. (Ver también **absolutismo**).

Estado ampliado: Situación en la que el **Estado** excede en sus funciones a las directamente relacionadas con el **aparato estatal**, extendiéndose a diversas esferas de la **sociedad civil**.

Estado ampliado: Noción que suele ser relacionada con los aportes que realizara A. **Gramsci** a la **teoría marxista del Estado**, especialmente en lo relativo a las definiciones de **coerción**, **consenso** y **hegemonía** (ver todas estas entradas).

Estado asistencialista: Modo de intervención del **Estado** que –en lugar de regular el funcionamiento del **mercado**– se limita a ayudar a paliar las situaciones de miseria extrema.

Estado Burocrático-Autoritario (Guillermo O'Donnell): A principios de la década de 1970, O'Donnell estudiará el "nuevo **autoritarismo**" de los **golpes** militares que se produjeron en Latinoamérica, especialmente en **Brasil** (1964) y **Argentina** (1966). El EBA será descripto como más moderno, institucionalizado y burocrático que los viejos **caudillismos** autoritarios y también como impulsor del **desarrollo** in-

dustrial sobre la base de las **corporaciones** industriales en alianza con las **multinacionales**- especialmente norteamericanas- en el marco, sin embargo, de la movilización de las **masas**. Esto llevará a la **represión** de los sectores populares -especialmente la **clase obrera**- buscando frenar su movilización y reduciendo su **consumo** para concentrar **capital** en manos de las multinacionales. Además de éstas y los militares, el EBA fue apoyado por sectores medios ascendentes, tecnócratas y la **burguesía** local. La **teoría** de O'Donnell fue criticada por Hirschman, quien objetó su excesivo **determinismo** económico.

Estado civil (contractualismo): Estado político que surge por un acuerdo voluntario y racional de los hombres para remediar los conflictos del **estado de naturaleza**.

Estado constitucional: **Estado** regido por una **Constitución**, sea ésta escrita o basada en costumbres –como es el caso de **Inglaterra**-. También se lo utiliza como sinónimo de **estado de derecho**.

Estado de Bienestar (1933 →): Tipo de **Estado capitalista** surgido tras la **Crisis del 30**. El EB se basó en un **pacto social** entre la **burguesía** y los **trabajadores**, por el cual la **clase** capitalista concedió aumentos de **salarios**, derechos sindicales y mayor estabilidad laboral a cambio de aumentos en la **productividad**, la estatización del **movimiento obrero** y el respeto a la **propiedad privada de los medios de producción** –es decir, el compromiso de no cuestionar las bases esenciales del **capitalismo**- por parte de los trabajadores. El EB fue fundamental para salvar al capitalismo, para lo cual el Estado puso límites a la propia burguesía en defensa de los intereses generales del **sistema** capitalista. De este modo, la **lucha de clases** en la **producción** quedó relegada a un segundo plano, pasando a ser central el conflicto institucional por la **distribución**. El EB intervino en forma directa en la **economía**, regulando la **oferta** y la **demanda** de **bienes** y **servicios**, logrando incrementar la productividad del **trabajo** (es decir, lo que los **marxistas** llaman **plusvalía relativa**) y de ese modo, incrementar los salarios sin afectar las ganancias. Así, aparecieron las juntas reguladoras, los bancos centrales, etc. Su ejemplo paradigmático fue el *New Deal* ("Nuevo Trato") implementado por F. **Roosevelt** en **Estados Unidos** a partir de 1933, pero su difusión en Europa se generalizó luego de la **Segunda Guerra Mundial**. Hacia principios de los ´70, el EB entró en **crisis** al verse debilitadas las bases que justificaran su formación (fundamentalmente la caída de la **tasa de ganancia** y factores anexos como el cese de disponibilidad de **energía** barata, endeudamiento **público**, altos **impuestos** al **capital**, fin del **consenso** de la **clase obrera**, etc).

Estado de derecho (fines del siglo XIX →): **Doctrina** que plantea un tipo de **Estado** donde el **poder** de los gobernantes está limitado por el acatamiento a las **leyes**.

Estado de excepción: Estado de necesidad o **emergencia**, por el que los gobernantes a cargo de un **Estado** consideran imprescindible suspender temporalmente el ordenamiento jurídico de un país –en particular los derechos constitucionales- con el fin de hacer frente a una grave amenaza (**guerra**, **terrorismo**, catástrofes, etc).

Estado de linajes (Max Weber): Transformación de una **norma** carismática en estamental y tradicional.

Estado de naturaleza (contractualismo): Situación pre-política, donde los **individuos** no se guían por **leyes** ni autoridades comunes. Según cada autor, el EN puede ser de **guerra de todos contra todos** (**Hobbes**), de paz (**Locke**) o de soledad (**Rousseau**). El EN expira cuando los **individuos** acuerdan entre sí para constituir la **sociedad** a partir de un **contrato social**.

Estado de sitio: Medida de excepción que implica la suspensión de las garantías constitucionales, que sólo se implementa en casos de **conmoción interna** o de agresión externa, con el fin de proteger al orden constitucional y sus autoridades. Durante la suspensión de las garantías, no se pueden realizar reuniones públicas y le está permitido al **Estado** realizar detenciones preventivas. El **Presidente** no puede condenar ni aplicar penas. En nuestra **Constitución** el ES está contemplado en el artículo 23.

Estado federal: Estado formado por un conjunto de Estados federados y autónomos.

Estado gendarme: Modelo de Estado de raíz **liberal** que plantea que éste debe limitarse a brindar seguridad y justicia, dejando todo lo demás librado al juego de las leyes del **mercado**. Llamado también **Estado mínimo**.

Estado interventor: Estado que no se abstiene de incidir en el mercado y en la sociedad, y que es activo en la toma de decisiones relativas a aquellos. El EI se desarrolló fundamentalmente a partir de la **crisis del 30**. No debe confundirse al EI con el **Estado Benefactor**, ya que el primero interviene en la **economía**, sin redistribuir necesariamente los recursos.

Estado liberal: Ver **Estado gendarme**.

Estado mínimo: Ver **Estado gendarme**.

Estado moderno (siglo XV →): Organización **política** donde el **poder** está centralizado territorialmente en manos de un **soberano**, quien obtiene el reconocimiento externo de sus facultades y la obediencia de los **ciudadanos** en base a la **ley**, contando además con el apoyo de una **burocracia** de **funcionarios** y la monopolización del los **ejércitos** y el cobro de los **impuestos**. Mientras que para **Marx** el EM tiene su base en la **expropiación** de los **medios de producción**, para **Weber** el centro está puesto en el momento histórico de la separación de los medios materiales de **coacción** (las armas) de manos de los **nobles** y la consiguiente creación del aparato burocrático del Estado. En este sentido, el EM es una **asociación política** –es decir una asociación que se especializa en el ejercicio del poder y de la **dominación**- de base territorial y cuyo **cuadro administrativo**-burocrático ejerce el **monopolio legítimo** del uso de la violencia. La fuerza es el medio específico del Estado, y desde la constitución del EM, éste es el único autorizado legítimamente para hacer uso de ella. Históricamente, el EM se conformó cuando las **monarquías** feudales de **España**, Portugal, **Inglaterra** y **Francia** pasaron a ser monarquías nacionales, apropiándose de viejos privilegios en manos de la **nobleza**, el **clero** y las **corporaciones**. Para algunos autores, el EM se identifica sin más con el **Estado**, ya que consideran a otras formas políticas del pasado (por ejemplo, el Estado de la **Roma** antigua) como pseudo Estados.

Estado-Nación (fines del siglo XVIII →): Concepto surgido en la **Revolución Francesa** que plantea la unidad de las **clases sociales** por encima de los intereses particulares y los privilegios estamentales del **feudalismo**. La segunda mitad del siglo XIX fue el de la formación de los EN en Europa y otros continentes. Así, se procuró centralizar el **gobierno**, el **territorio**, la **moneda**, el ejército, la educación y otras atribuciones en manos del **Estado**, mientras se buscaba fortalecer un **mercado interno**. En **Alemania**, **Italia** y otros países, el proceso de formación del EN produjo **guerras**, como la **Guerra de Crimea** y la **Guerra Franco-Prusiana**.

Estado nacional: Según plantean algunos autores, como Oscar Oszlak, para que exista un EN deben darse un serie de condiciones: 1) **soberanía**, o capacidad de manifestar su **poder** frente a otros Estados, 2) **autoridad**, o **monopolio legítimo** del uso de la fuerza, 3) institucionalidad, o creación de **instituciones** públicas, y 4) identidad colectiva, o la capacidad de internalizar en los miembros de la sociedad ciertos símbolos que refuerzan los sentimientos de pertenencia y, por ende, la dominación por medio de la **ideología**. Además, hacen falta condiciones materiales que posibiliten la expansión e integración del espacio económico, es decir la formación de un **mercado**, el cual va definiendo un ámbito territorial determinado, dando al Estado un fundamento material, que le brinda un carácter nacional. (Ver también **atributos de la estatidad**).

Estado obrero (marxismo): Estado gobernado por la **clase obrera** en el período de transición del **capitalismo** al **comunismo**. La característica central del EO es que su constitución misma tiende a debilitar al Estado y a hacerlo desaparecer en el largo plazo. En el EO desaparece el ejército permanente, que es reemplazado por el **pueblo** armado. Los funcionarios son elegidos pero son responsables ante **asambleas** en las que participa todo el pueblo y pueden ser inmediatamente revocables. La división entre **poderes** políticos típica de los Estados burgueses desaparece. Esta forma de **gobierno** fue denominada **dictadura del proletariado** porque en ella la clase obrera ejerce una represión sobre la **burguesía** a la cual le ha quitado los **medios de producción**. A medida que la burguesía va desapareciendo como una amenaza porque la **revolución** se va extendiendo a nivel mundial, no va siendo necesario que la población esté armada ni que se ejerza ningún tipo de dictadura, ya que los enemigos de la revolución van siendo derrotados. **Marx** planteaba que, sólo una vez vencida la resistencia de la burguesía, el Estado comenzará a extinguirse: ya no habrá una **clase social** que necesite de él para explotar a otras clases. La **U.R.S.S.** fue en sus primeros años un intento de desarrollo de un EO que abortó con el surgimiento del **stalinismo**.

Estado policía: **Estado totalitario** y dictatorial que reprime y encarcela a los opositores.

Estado providencia: Ver **Estado de Bienestar**.

Estado racional (Max Weber): Nombre dado por Weber al **Estado moderno**, al que destaca como anterior al **capitalismo** e impulsor del desarrollo de este **modo de producción**.

Estado social (1945-1975): Ugo Pipitone ha señalado que el ES se basa en la combinación de tres grandes elementos: el **neocorporativismo** –pacto tripartito entre **Estado**, capital y **sindicatos**-, el **Estado de Bienestar** –Estado distribucionista e impulsor de la **demanda**- y el Estado administrador – Estado regulador e intervencionista en el **mercado**-. Hacia mediados de la década de 1970, el excesivo endeudamiento estatal, las altas cargas impositivas, los reclamos sindicales y la **inflación**, llevaron al ES al colapso. Fue el momento en que irrumpió con fuerza el **neoliberalismo**.

Estado tapón: Pequeño **Estado** creado por iniciativa de otros más grandes con el fin de impedir la intromisión de terceros países o evitar una **guerra** por cuestiones limítrofes. Un ejemplo de ET fue la creación de la **Banda Oriental** (actual **Uruguay**) entre la **Argentina** y **Brasil**, a instancias de los intereses británicos en la región.

Estado totalitario: Ver **totalitarismo**.

Estado tributario: **Estado** que expresa el interés social de una **casta** burocrática que ejerce el **poder**, obteniendo un **tributo** del resto de la **sociedad**. El ET está encabezado por un jefe semidivino o **Emperador**. A través del tributo, el Estado se queda con gran parte del **excedente**. Son ejemplos de ET: **China** imperial (siglos XI-XII), **Egipto** de los **faraones**, la **India** de los "déspotas", el viejo **Imperio Persa**, el **Imperio Otomano**, el **Imperio Bizantino**, el **Imperio Inca** y el **Imperio Azteca**, entre otros.

Estatismo: Postura que defiende la intervención del **Estado** en la **producción** y el **mercado**, sin afectar la **propiedad privada**. El E es fuertemente atacado por el **liberalismo**.

Estructura (Karl Marx): Suma de las **relaciones de producción** en una **sociedad**, base real o material sobre la cual se levanta una

superestructura legal y política, y a la que corresponden determinadas formas de **conciencia** social. En el *Prólogo a la contribución a la crítica de la economía política* de 1859, Marx trató de explicar el funcionamiento de las sociedades con una **metáfora**, analizándolas como si formaran un edificio. Los cimientos del edificio forman la **base** o E, donde se dan todas las relaciones materiales de **producción** y **circulación** (lo que podemos llamar vulgarmente "la economía"). Allí, la **clase** propietaria explota el trabajo de la clase no propietaria. Sobre esos cimientos se construye la **superestructura**, que abarca todas las relaciones no materiales: políticas, represivas, institucionales, legales, ideológicas, culturales, artísticas, etc (en términos vulgares: "la política", "lo jurídico" y "la ideología"). Observemos que el edificio se basa en una visión materialista: según cómo los hombres producen y se relacionan, tendrán determinadas ideas e **instituciones**. De este modo, la clase que domina en la E, usará la superestructura para garantizar el mantenimiento de su **dominación**. Según cómo los hombres se relacionen y produzcan materialmente, crearán determinadas instituciones políticas y jurídicas. Las leyes, las ideas, las instituciones políticas de una época no son caprichosas, sino que se desprenden del grado alcanzado por las **fuerzas productivas**. Por ejemplo, una **ley** de **contrato** de **trabajo** como las que nosotros conocemos, no tendría sentido en una **sociedad** esclavista o **feudal**: sin **propiedad burguesa**, sin **trabajo asalariado**, esa ley no existiría.

Estructuras de mediación: En las **teorías** sobre la **democracia**, **instituciones** de la **sociedad civil** que canalizan los reclamos de ésta hacia el **Estado**. Por ejemplo, los **partidos políticos**, los **sindicatos**, los **grupos de presión**.

Estudios institucionales: Ver **institucionalismo**.

Ética de la convicción (Max Weber): Actitud irracional que no considera las consecuencias de la **acción** sino las motivaciones individuales. **Weber** vincula la EC con la **ética protestante** que facilitó la irrupción del **capitalismo**. Modernamente, la EC es propia del político. Opuesto: **ética de la responsabilidad**.

Ética de la responsabilidad (Max Weber): Actitud que considera las consecuencias (no los motivos) de la **acción** y es propia del funcionario. Opuesto: **ética de la convicción**.

Expansionismo: Política de un **Estado** de conquista de otros Estados o **territorios** por medio de la fuerza militar.

Extrema derecha: Ver **ultraderecha**.

Extrema izquierda: Ver **ultraizquierda**.

F

Facción: Agrupamiento de personas sin una **organización** y un **programa** estables, que responde a intereses particulares limitados en el tiempo, por ejemplo, en un **motín** o rebelión. Despectivamente, **banda**, pandilla, **grupo** que realiza una práctica **política** dañina.

Factores de poder: Poderes de hecho que influyen en el **proceso** político y el **gobierno**, imponiendo a éste pautas y decisiones, en una suerte de **gobierno invisible**. Son ejemplos de FP las **FF.AA.**, la prensa, la **iglesia**, los **grupos económicos** y cualquier **grupo** social que pretenda participar de la conducción política y económica de la **sociedad.**

Factores reales de poder: Grupos que conforman elementos del **poder estatal**, como las **FF.AA.**, o son paraestatales, como la **Iglesia.**

Facultades extraordinarias: Exceso en las atribuciones de un **poder** del **Estado.**

Fascismo (Italia, 1919 →): Ideología y **movimiento** político de **extrema derecha** creado por Benito **Mussolini.** Asustados por el conflicto social y el avance de los **trabajadores** y el **marxismo** (*Bienio rosso*, 1919-1920), la **burguesía industrial**, la **monarquía** de Víctor Manuel III, los **terratenientes**, la **Iglesia** y el **Ejército** italianos, entregaron el **poder** al F, con Mussolini a la cabeza (**Marcha sobre Roma**, 1922), con el objetivo de reestablecer el orden perdido. L. Incisa señala que algunas de las características comunes de los países en los que se consolidó el F son: predominio de una **economía agraria-latifundista**, proceso de **industrialización** forzada y tardía, aceleración del proceso de **movilidad social** (**urbanización**), falta de superación de **crisis** económicas, crisis de los **valores** morales tradicionales, crisis del **sistema** parlamentario, falta de solución a través de la **guerra** de problemas nacionales o coloniales, humillación nacional. Precisamente, apoyándose en las **clases medias** empobrecidas tras la **crisis económica** desatada con posterioridad a la finalización de la **Primera Guerra Mundial** (Italia estuvo en el bando vencedor pero obtuvo pocos beneficios), junto con ciertos sectores obreros, el **campesinado** del sur, jóvenes, veteranos de guerra e intelectuales frustrados, el F atacó a la **democracia** par-

lamentaria, a la que presentaba como la antesala del **comunismo** y el poder de los **obreros** –el peor de los males para los fascistas–. Para frenar la **conciencia de clase** de los obreros, el F planteó la idea de un interés estatal-nacional superior a las diferencias de **clase**, creando un **Estado totalitario** y **corporativo**, con un **grupo** gobernante aparentemente por encima del **capital** y el **trabajo**, con un **partido único** militarizado y un **líder** indiscutido a su cabeza. El F implementó una **política económica** con fuerte intervención estatal, con inversiones en obras **públicas** y protección de la **industria** nacional. La **ideología** del F es: **conservadora** (mantener el orden), irracionalista (desprecio de la razón y valoración de la acción), antiliberal, antidemocrática y antimarxista, elitista (*élites* elegidas para mandar), militarista (modelo de **sociedad**: Esparta o Roma), considera a la **Modernidad** como una etapa decadente, identifica al enemigo en los comunistas, especuladores, judíos y todos los que sean considerados "inferiores", es partidario del **racismo** y el expansionismo. Con la derrota italiana en la **Segunda Guerra Mundial** –Italia se alió con la **Alemania nazi** y con **Japón**– y el linchamiento público de Mussolini en 1945, el F entró en crisis, aunque surgieron en el mundo numerosos grupos fascistas o con elementos fascistas –como algunos **populismos** (**peronismo, varguismo**) y dictaduras latinoamericanas–, además de la formación de movimientos **neofascistas** a partir de la década de 1980. Para **Gramsci**, el surgimiento del F debe atribuirse a la derrota de la **revolución socialista** en **Italia** (el mencionado *Bienio rosso*). Con la salvedad de que se trata de movimientos muy heterogéneos, pueden ser calificados como fascistas el **falangismo** y el **franquismo** español, el salazarismo portugués, las cruces flechadas húngaras, entre otros. A pesar de los evidentes puntos de contacto, el **nazismo** alemán debería ser considerado como una categoría en sí mismo.

Federación: Unión voluntaria de varios Estados o provincias, que se someten a una autoridad común centralizada o **Estado** común, en el que delegan atribuciones sin perder su **autonomía**. Así, las entidades de una F forman parte de un todo nacional. Ejemplos de F: **EE.UU.**, Canadá, **Alemania**, Suiza y Australia. Opuesto: **confederación**.

Federalismo: Forma de **organización política** de **federación** voluntaria de **Estados**, donde el **gobierno** y el **poder** se descentralizan territorialmente, coexistiendo un Estado central y Estados locales autónomos (provincias, **municipios**, **cantones**, etc). Opuesto: **unitarismo**.

Feed-back: Ver **retroalimentación**.

Fideicomiso: En **derecho internacional público** aplícase también a la situación jurídica por la que un país o **territorio** (fideicomitido) considerado no apto para autogobernarse, es confiado a la tutela y administración de un **Estado soberano** (fideicomisario), bajo control de la **ONU**.

Filosofía política: Parte de la **Filosofía** que analiza –entre otras- las cuestiones que preocupan a la **comunidad** en su conjunto, las mejores formas de **gobierno** y la búsqueda de los fundamentos de la **dominación** estatal y la obediencia **política**.

Fiscal: Representante de un **partido político** que controla los **votos** durante una **elección**.

Foquismo: Teoría que plantea la toma del **poder** a partir del foco revolucionario, formado por grupos armados, dispersos en un **territorio** y que actúan como **guerrilla** irregular intentando desorientar al **ejército** oficial. El F se desarrolló especialmente con el triunfo de la **Revolución Cubana**. Dentro del F podemos distinguir dos tendencias: a) la que considera al **foco guerrillero** como un aspecto que se complementa con el **trabajo** entre las **masas campesinas** y **obreras** y, b) la que plantea el reemplazo de ese trabajo de persuasión y penetración por un grupo de vanguardia que, saltando etapas, acelera los **procesos** con el fin de tomar el poder y, desde allí, ligarse a las masas.

Forma de Estado: Modo en que se desempeña un **tipo de Estado**, articulación específica de distintas **instituciones** y prácticas estatales. Son FE las diversas fases de un **modo de producción**, tales como el Estado **liberal** del **capitalismo** competitivo y el Estado **autoritario** del **capitalismo monopolista**. De este modo, un mismo tipo de Estado puede tener diferentes FE. La FE puede tener distintos **tipos de régimen** y **formas de gobierno**.

Forma de gobierno: Modo en que se desempeña una **forma de Estado**. Se identifica con el **régimen político** (ver). **Aristóteles** distinguía entre formas puras (en bien de todos) e impuras (en bien de uno o pocos), mientras que **Montesquieu** diferenciaba entre el **despotismo** de la **monarquía absoluta**, la monarquía **constitucional** y la **república**.

Formación social (marxismo): Estudio de la combinación histórico-concreta de los modos de producción que coexisten en una **estructura social**, entre los que uno es el elemento dominante y el resto son los residuos de épocas anteriores. Por ejemplo, en el modo de producción **capitalista** actual encontramos residuos del **modo de producción** artesanal. Algunos autores ven a la FES como al conjunto social que agrupa el modo de producción, las **relaciones de producción**, las **fuerzas productivas** y las diversas partes de la **superestructura** –política, ideológica, cultural, etc-.

Formas de Estado: Ver **forma de Estado.**

Formas de gobierno: Ver **forma de gobierno.**

Foucault, Michel (1926-1984): Filósofo francés. Desarrolló estudios en campos diversos como el **poder**, la locura, la **sexualidad**, las prisiones (sostuvo que la **sociedad** se basa en el **modelo** carcelario del **panóptico**), etc, introduciendo **conceptos** novedosos en áreas como la **Ciencia Política** y la **Historia.** Influido por **Nietzsche**, sostuvo que la **verdad** no existe, sino que es definida en cada época estableciendo un **discurso** dominante que produce ciertos **saberes** y ciertas relaciones de poder, las cuales permiten pasar del castigo a la vigilancia, de ésta a la **disciplina** y finalmente a la auto-disciplina. Aunque se lo ubica dentro del **estructuralismo** por el énfasis que pone en subordinar al **individuo** a las determinaciones de las "redes del poder", su énfasis en el desarrollo histórico de esas redes y relaciones invitan a ser más cautos. Sí es claro su distanciamiento del **humanismo** de **Sartre:** Foucault no ve como éste la posibilidad de que el individuo pueda liberarse de las cadenas que lo atan; puede resistir, sí, pero la resistencia también está prevista por el **sistema** de **dominación.** El acento de su **teoría** no está en el hombre sino en las cosas que lo oprimen y condicionan. Entre sus obras principales encontramos a: *Vigilar y castigar. El nacimiento de la prisión* (1965), *Las palabras y las cosas* (1966), *La verdad y las formas jurídicas* (1976) y *La microfísica del poder* (1978).

Fraude: Trampa electoral, con el objetivo de cambiar los resultados de una **elección.** Hay diversos mecanismos: usar documentos falsos –incluso de muertos–, adulterar planillas, robar y cambiar urnas, etc.

Frente popular (1934-1945): Táctica **política** implementada a instancias de la **Tercera Internacional** por los **partidos comunistas** con el fin de combatir el avance del **fascismo.** Dejando en un segundo plano el propósito de una **revolución socialista** y enfatizando la defensa de la **democracia capitalista**, el FP es un frente de **conciliación de clases** (lo que diferencia al FP del **frente único**) entre la **clase obrera** –comunistas, socialistas y **socialdemócratas**– y el sector **republicano, liberal** y democrático de la **burguesía.** Surgido en **España** –donde el **gobierno** del FP fue un factor determinante en el desencadenamiento de la **Guerra Civil Española**– e implementado en **Francia**, se extendió por el mundo en el marco de la **Segunda Guerra Mundial**, promovido por J. **Stalin.** En **Chile**, la experiencia del FP –la **Unidad Popular** que llevó al **poder** a S. **Allende**– finalizó trágicamente.

Frente único (marxismo): Estrategia y táctica que plantea la unidad de todas las corrientes **políticas obreras** (lo que diferencia al FU del **frente popular**, que agrupa a otras clases y **fracciones**, incluidas las de la **burguesía**) para enfrentar a un enemigo común. Por ejemplo, el III Congreso de la **Internacional Comunista (Tercera Internacional)** de 1921 planteó el FU de **comunistas, socialistas, anarquistas** y otras tendencias contra el **fascismo** y el **capitalismo.**

Frontera (teoría general de sistemas): Límite que separa a un **sistema** de su **entorno**.

Fueros parlamentarios: Inmunidad que tienen los legisladores, cuya finalidad es mantener la independencia del cuerpo legislativo. La **Constitución** prevé mecanismos para quitar los FP y hasta para expulsar a alguno de sus miembros. (Ver también **inmunidad parlamentaria e inviolabilidad parlamentaria**).

Fujimorización: Sobre la base de le experiencia durante la presidencia de Alberto **Fujimori** en el **Perú**, este término designa a la situación en que la **opinión pública** se inclina mayoritariamente por el apoyo a personajes ajenos a la **política** tradicional y que plantean **programas** difusos. Se plantea que la F es un resultado de la **crisis de representación** política.

Funcionariado (Max Weber): Conjunto de los **trabajadores** intelectuales altamente especializados, con larga preparación y **honor** estamental –basado en la integridad–, que se desempeñan en el **Estado**.

Funcionario: Persona que desempeña un cargo **público**.

G

Gabinete: Ministros que responden al **Poder Ejecutivo**.

Geopolítica: Disciplina que estudia la **política** internacional a partir de condicionantes geográficos, económicos, climáticos, raciales, etc. El término fue propuesto a fines del siglo XIX por Rudolf Kjellén y en su desarrollo se destacan el sueco Fridrich Ratzel y el alemán Karl Haushoffer.

Globalización (1980 →): Según algunos autores como B. Coriat, la G es la etapa productiva que se caracteriza por la extensión constante del **mercado** mundial, expresada en la expansión territorial creciente y en la transformación ascendente de las actividades productivas. Desde una posición **marxista**, J. Hirsch ha sostenido que la G es una forma de la **lucha de clases**, donde las **empresas transnacionales** explotan a su antojo en cualquier parte del mundo a la **población**, gracias a **tecnologías** que les permiten realizar esto. Mientras que una parte de los autores sostiene que la G es un fenómeno absolutamente incomparable con experiencias del pasado, otros afirman que se trata de un mito y que la mayoría de sus rasgos existen desde hace mucho tiempo. Características de la G: a) una creciente internacionalización comercial y productiva que se manifiesta en el **auge** de los intercambios de **bienes** e inversiones en el extranjero, b) la intensificación del **proceso** de **mundialización** de la economía con la aparición de empresas y redes empresarias estrictamente transnacionales, sin una ubicación nacional predominante, que desarrollan un **mercado**, una financiación y una gestión de decisiones a nivel planetario, c) la exacerbación de la **competencia** internacional, intensificada por las rivalidades entre los vértices de una tríada económica (**Estados Unidos, Japón** y Europa Occidental), d) la reestructuración cada vez más rápida de los aparatos productivos, como consecuencia de la aparición de nuevas **técnicas** y del repliegue industrial a escala mundial y, e) la reducción de la capacidad reguladora de los **Estados nacionales**. También son propios de esta etapa la **desregulación**, la regionalización y el fin de la **hegemonía** del

modelo norteamericano de organización de empresas (modificaciones en el proceso de trabajo, paso del **fordismo** al **toyotismo**). Otro rasgo importante es el proceso de crecimiento inmenso de la **especulación financiera** (en la última década el 85 % de las transacciones financieras es de naturaleza especulativa, sin vínculo alguno con la actividad productiva). La G es considerada como la etapa posterior a la **internacionalización** y a la mundialización.

Gobernabilidad: Situación en que las **instituciones** políticas se desempeñan con **eficacia**, ejerciendo la **autoridad** y obteniendo **legitimidad** y **obediencia** por parte del **pueblo**. La G es un requisito del **desarrollo político**. Existe G cuando las **demandas** provenientes del **sistema político** y social no sobrepasan la capacidad de respuesta del **gobierno**. Caso contrario, se produce una **sobrecarga de demandas**, lo que deriva en una situación de **ingobernabilidad** (ver).

Gobierno: El término proviene de la palabra griega *kybernao*, "dirigir el timón". Cabeza de la administración **política** del **Estado**. Así, el G es el timonel de la nave, la **función** identificadora de la actividad política, su núcleo. La función principal del G es adoptar decisiones políticas, obligatorias para toda la **sociedad** bajo amenaza del uso de la violencia estatal física, legítima y monopólica. Desde este punto de vista, el G es el que decide y la **burocracia** o administración es la que ejecuta. Para una visión **funcionalista**, el G incluye a las **estructuras** de toma de decisión, lo que implica incluir a los poderes ejecutivo y legislativo. Es el G "en sentido amplio", de aquellos a los que se les confía el ejercicio, administración y control del **poder político**. Desde esta postura, **Poder Ejecutivo**, **Parlamento**, jueces y hasta burocracia forman parte del G. En otra visión, hay un órgano especial de toma de decisiones: el Poder Ejecutivo, el "G en sentido estricto". Para Urbani, el G implica un conjunto de **instituciones**, mientras que para Easton es un conjunto de conductas interrelacionadas y para Morlino es una parte del **régimen político**. El **marxismo** ve al G como al conjunto del personal político-estatal que expresa los intereses de la **clase dominante** y cuya función es garantizar las condiciones generales que permitan a esta clase seguir dominando en las **relaciones de producción** existentes, esto independientemente de la manera en que ese G haya accedido al poder. Así, en el G están los que detentan el poder político, siendo el régimen político el modo en que se accede y se conserva el G y el Estado el poder político en sí mismo.

Gobierno de asamblea: Régimen político que se caracteriza por una **asamblea** legislativa elegida por el **pueblo**, que tiene el dominio total del **Estado**, siendo responsable sólo ante el electorado. El **Poder Ejecutivo** (Directorio) es políticamente muy débil: se limita a atribuciones de tipo administrativo y se somete a la asamblea sin el derecho de disolución del **Parlamento** (ni siquiera puede renunciar él mismo). Tampoco existe un **sistema bicameral**, ni un **jefe de Estado** o **Presidente**. Loewenstein lo considera un extraño fenómeno por el que -de una asamblea democráticamente elegida- surge un único detentador que concentra todo el **poder**. Algunos autores consideran al GA como una modalidad particular del **parlamentarismo** o como un parlamentarismo exacerbado. Otros, en cambio, sostienen que, mientras que en el **presidencialismo** el acento está puesto en la **división de poderes** y en el parlamentarismo en la colaboración de poderes, en el GA lo que existe es una confusión (o fusión) de poderes. Ejemplos históricos: el régimen del "terror" en la **Revolución Francesa**, el **Parlamento Largo** en **Inglaterra** (1640-1649), la **Segunda República** francesa de 1848, la **Constitución francesa de 1946**, la Constitución de la **U.R.S.S.** de 1936, los países del **bloque soviético**. En la actualidad, sólo puede aplicarse este tipo a Suiza.

Gobierno de gabinete: Régimen político donde el **gobierno** (**Primer Ministro y gabinete**) predomina sobre el **Parlamento**. El caso clásico de GG es el inglés, donde el **parlamentarismo** auténtico comenzó a funcionar en 1832 al ampliarse el **voto** a la **clase media** adinerada. Con la ampliación del voto a la **clase obrera**, en 1867, aparecieron los **partidos obreros**. El **poder** es triangular: **cámara de los comunes** –sin mucho poder- gabinete y electorado. Hay sólo dos **partidos** en condiciones de obtener la mayoría, porque se teme que –habiendo más- se dificulte la formación de mayorías parlamentarias, lo que derivaría en inestabilidad. El gabinete se forma con los líderes del partido mayoritario que están en el Parlamento, al igual que los ministros. El líder reconocido del partido mayoritario que gana las **elecciones** es el Primer Ministro, líder indiscutido del gabinete (al que nombra). Sin embargo, el Primer Ministro se auto-limita, al existir la posibilidad de que la **oposición** gane en las siguientes elecciones. La iniciativa legislativa es del **gobierno**: ninguna propuesta que no esté apoyada por éste se podrá convertir en **ley**. De este modo, el GG implica la fusión del gabinete y el Parlamento, para formar un único organismo de poder. En la visión de Loewenstein, se trata de un autogobierno responsable, que

sólo funciona en países con una gran homogeneidad social y económica. Otros casos: Canadá, Australia, Sudáfrica.

Gobierno directorial: Régimen político de Suiza, donde el **gobierno** es ejercido por un órgano colectivo, el **Directorio, institución** que se remonta a la **Constitución** directorial francesa de 1795. Se trata de una Asamblea Federal de la **Confederación**, con dos **cámaras**: la baja (Consejo Nacional) y alta (Consejo de los **Estados**). El gobierno o Consejo Federal se basa en siete hombres elegidos -como los de la **cámara baja** del **Parlamento**- por cuatro años. En oposición a la Asamblea, que tiene poderes ilimitados, el Consejo Federal es designado por la Constitución, como la "autoridad ejecutiva y directora suprema de la Confederación". El Consejo Federal es un agente subordinado del Parlamento y no un detentador del **poder**.

Gobierno invisible: influencia notable en las decisiones **políticas** por parte de **factores de poder** y **grupos de presión**, que ejercen un **poder** paralelo al del **gobierno** formal. Por ejemplo, las **transnacionales** ejercen un GI, al presionar a los gobiernos de diversos países y muchas veces imponer decisiones que los favorecen, en detrimento de otros grupos sociales. N. **Bobbio** ha señalado al GI como una de las "**promesas incumplidas de la democracia**".

Gobierno parlamentario: Ver **parlamentarismo**.

Gobierno presidencial: Ver **presidencialismo**.

Gobierno que responde (Giovanni Sartori): **Gobierno** que debe rendir cuentas de sus actos ante el **pueblo**. El GQR surgió en el siglo XIX con la irrupción de los **partidos de masas** y electorales, en contraposición a la época de los partidos aristocráticos o **partidos de notables.**

Gobierno responsable (Giovanni Sartori): Expresión planteada por primera vez por Hamilton en el siglo XVIII, precede al **gobierno** por **partidos** (es aún la época de las **facciones** y grupos parlamentarios), y consiste en que los **ministros** sean responsables ante el **Parlamento,** pero no ante el **pueblo.**

Golpe de Estado: Toma del **poder** político y recambio del **gobierno** por medios no previstos legalmente, por parte de órganos pertenecientes al propio **Estado** y por lo general por la fuerza. En América Latina, la mayoría de los GDE han sido golpes militares, vinculados con intereses económicos extranjeros y de una minoría nativa propietaria.

Gramsci, Antonio (1891-1937): Político y teórico marxista italiano, fundador del **Partido Comunista** de **Italia** y uno de los renovadores más importantes del **marxismo.** Se propuso adaptar el pensamiento leninista a las condiciones específicas de **Italia,** país dividido entre el norte industrial desarrollado y el sur agrario atrasado. Los **obreros** industriales del norte (especialmente los de la Fiat de Turín, los que organizaron el *bienio rosso* de los consejos de **fábrica,** organismos de **doble poder** equivalentes a los *soviets* rusos) debían guiar política e ideológicamente a los **campesinos** del sur hacia la **revolución.** En este sentido, la tarea central del partido revolucionario –el **"príncipe moderno"** – consiste en concientizar a las **masas** para cambiar la **estructura** económica capitalista, eliminando la **falsa conciencia** impuesta por

burguesía y creando una nueva **hegemonía** –una **contrahegemonía**–, con la **clase obrera** a la cabeza de las clases subordinadas (los campesinos, los sectores medios, etc), concepto que ya había utilizado **Lenin.** Una revalorización del papel de la **política,** la **cultura** y la **ideología** –aquella **superestructura** subestimada por el **economicismo** y el **marxismo vulgar**– son pilares de la visión gramsciana. La **dominación** capitalista se da en G a través de dos vías: la **coerción,** encarnada en la violencia del **Estado** o **sociedad política** (el aspecto subestimado por el **reformismo**) y el **consenso,** a través de la **ideología** difundida en la **sociedad civil** –el conjunto de **instituciones** que se dedican a la **socialización,** como la **Iglesia,** los **medios de comunicación,** la **escuela,** etc–. El resquebrajamiento de esa dominación se manifiesta en una **crisis de hegemonía** o **crisis orgánica,** momento propicio para la lucha por transformaciones sociales y una **reforma intelectual y moral.** En 1926 G fue encarcelado por el **fascismo,** escribiendo en prisión los *Cuadernos de la cárcel,* muriendo poco después de salir en libertad. Ignoradas o censuradas por el **stalinismo,** la **teoría** gramsciana ha sido leída especialmente en clave **socialdemócrata,** presentando a un G **reformista** y contraponiéndolo con el marxismo de raíz leninista. Así, según esa visión (por ejemplo, Juan C. Portantiero) G habría renegado de la necesidad de la toma del **poder** por parte del **proletariado** a través de una revolución contra el **capitalismo** y su Estado y su teoría se orientaría más hacia aspectos culturales no incompatibles con el régimen **burgués.** La caída del stalinismo en la **U.R.S.S.** ha permitido una revalorización del pensamiento de G desde el campo del marxismo, por ejemplo desde algunos sectores del **trotskismo.**

Grocio, Hugo (1583-1645): Teólogo **católico** y escritor holandés, defensor del *iusnaturalismo* y la **teoría del contrato social**. Se lo considera además, el fundador del **Derecho Internacional**. Entre sus obras principales encontramos a: *El derecho en la guerra y en la paz* (1625).

Grupos de interés: Grupos unidos en base a un fin determinado y que tienen opiniones comunes. Hay tres tipos de GI: **grupos de tensión, grupos de presión** y **grupos de poder**, todos formados en torno a un interés común de sus integrantes y actuando en relación con el **poder** político, pretendiendo participar en éste a través de la influencia o la decisión. Los grupos que se limitan a solicitar quedan excluidos de los GI. Los GI actúan como grupos de presión cuando actúan sobre los órganos gubernamentales para obtener una decisión **política** concreta favorable a sus intereses económicos. Y pasan a ser **factores de poder** cuando gravitan sobre la **estructura** gubernamental, en lo que se llama **gobierno invisible**.

Grupos de poder: Grupos que se instalan en el **poder** estatal aunque no visiblemente, tomando decisiones o participando en ellas y cuya actividad va más allá del simple ejercicio de la influencia sobre los órganos estatales (que sería el caso de los **grupos de presión**), ya que adoptan por sí decisiones político-estatales. Su dinámica consiste en colocar personeros en puestos claves de decisión del **Estado**, por ejemplo, cuando el presidente de una **empresa** se transforma en **Ministro del gobierno**. Todo esto ocurre al margen de la representación popular. Así, el interés **público** queda atrapado en el interés **privado**. Son ejemplos de GP una liga, **asociación**, compañía, etc.

Grupos de presión: Grupos de interés que aspiran a obtener decisiones favorables a sus intereses por parte del **gobierno** coaccionando o presionando directamente sobre el **poder**, aunque dentro de los marcos legales (como es el caso del *lobby*; cuando no lo hacen, se convierten en **grupos de tensión**). A diferencia del **partido político**, el GP no tiene la pretensión de gobernar (aunque pueden convertirse en **factores de poder**, como las **FF.AA.** o la prensa). Otros autores los distinguen también de los partidos políticos porque –según su visión- los GP expresan intereses sectoriales y los partidos políticos tienen planteos dirigidos a toda la **sociedad**. Sin embargo, la vinculación económica y social de los partidos políticos con determinadas **clases** y **grupos** sociales debilitan esta distinción. Los GP pueden ser organizaciones espontáneas (como el caso de una protesta barrial para la colocación de un semáforo), pero en general se institucionalizan y organizan, como sucede con los **sindicatos** y organizaciones empresariales, las **Iglesias**, centros culturales, **movimientos sociales**, etc.

Grupos de tensión: Grupos que intentan participar en el **sistema político** mediante **acción** indirecta, con distintos niveles de violencia, en una situación de fricción frente a la **legalidad**, incrementando la tensión social.

Guerra de maniobras: Ver **guerra de movimientos**.

Guerra de movimientos (Antonio Gramsci): También llamada **guerra de maniobras**, la GM es una estrategia guerrera de ataque frontal y fulminante contra el enemigo. **Gramsci** utiliza el concepto –extraído de la **Primera Guerra Mundial**- para analizar la estrategia **política** de las **clases sociales**–donde lo militar es un momento pero no lo es todo-. En ese sentido, la GM es viable en situaciones en que la **sociedad civil** –lugar del dominio ideológico por excelencia de la **burguesía**- es débil, "gelatinosa", y por lo tanto la **clase obrera** puede planificar más o menos directamente el asalto al **poder** del Estado –ya que no se va a encontrar con grandes resistencias-, tal como sucediera en la **Revolución Rusa**. Opuesto: **guerra de posiciones**.

Guerra de posiciones (Antonio Gramsci): Ataque sobre el enemigo que se realiza en forma progresiva, en varios momentos y avanzando posición tras posición. **Gramsci** piensa a la GP –**concepto** surgido de la **Primera Guerra Mundial**- como una estrategia **política** revolucionaria para el **Occidente capitalista** –**Francia, Italia**, etc-, donde la **sociedad civil** –el lugar donde la **burguesía** afianza su **hegemonía**- es fuerte, es decir, donde un asalto directo al **poder** estatal fracasaría, ya que la **ideología** burguesa cuenta con mecanismos de defensa mucho más sólidos. En ese tipo de **sociedades**, Gramsci –y también **Lenin**-pensaba que el **partido** revolucionario de la **clase obrera** debía tener una estrategia más paciente, estando agazapado y preparando las condiciones **objetivas** y **subjetivas** para la **revolución**. También llamada **guerra de trincheras**. Opuesto: **guerra de movimientos**.

Guerra de todos contra todos (Thomas Hobbes): Situación en la que se encuentra el hombre en el **estado de naturaleza**, donde cada uno lucha por su vida en forma egoísta y está dispuesto a matar a los demás para ello. **Hobbes** plantea que con el fin de salir de ese estado de **guerra** permanente y poder convivir, los hombres deben firmar un pacto a través del cual delegarán en un soberano absoluto todos sus derechos, dando origen a la **sociedad** y al **Estado**.

Guevarismo (1959 →): Conjunto de planteos ideológicos y prácticas político-militares llevados adelante por el revolucionario argentino Ernesto **Che Guevara**, líder de la **Revolución Cubana** junto a Fidel **Castro**. Sus rasgos centrales pasan por la táctica de la **guerra de guerrillas** o **teoría** del foco revolucionario (**foquismo**) como manera de suplir la debilidad de la **clase obrera** y/o **campesina** en su lucha por tomar el **poder** en forma revolucionaria e implementar medidas de transformación **socialista**. También, el G plantea la idea del hombre nuevo, basado en una **moral comunista**, opuesta a la alienación y el egoísmo de la moral burguesa. El G se basó también en el **internacionalismo**, sosteniendo su voluntad de crear un frente antiimperialista mundial que intentara derrocar a los **gobiernos capitalistas** en todo el mundo.

H

Hegemonía: Las primeras definiciones del **término** se inclinaron por destacar el aspecto militar, identificando a la H como dominio sustentado en la fuerza armada, en la **coerción**. Posteriormente, la H comenzó a ser vista como un componente fundamental de la **legitimidad**, basada en el **consenso**. La H puede entenderse como un **proceso** de construcción de una **ideología** que le permite a una **clase** apropiarse y mantenerse en el **poder**, admitiendo espacios de autonomía a los **grupos** subalternos que sean funcionales a la reproducción del **sistema**.

Hegemonía (Antonio Gramsci): Dirección intelectual y moral ejercida por la **clase dominante** sobre la **sociedad civil** en su conjunto. Capacidad de un **grupo social** para dirigir ideológica y culturalmente a otros grupos sociales. Con ello, esta clase logra constituirse en guía legítimo de la **Nación** y consigue el **consenso** o la pasividad de la mayoría de la **población**, incluidas las **clases sociales** dominadas. Mientras que las primeras lecturas del **concepto** refieren al predominio de un **Estado-Nación** sobre otro y en **Lenin** se identifica con la dirección **política** de una **clase social** sobre otras, **Gramsci** pone el énfasis en los aspectos culturales e ideológicos que cimentan a la H –sin abandonar la importancia de los factores políticos y económicos–. De este modo, la H gramsciana es la combinación del consenso y la **coerción**. Significa que toda clase dominante domina no sólo "por las malas" (en la **sociedad política**, por ejemplo, a través de la **represión** física estatal) sino también "por las buenas" (en la **sociedad civil**, a través de la educación, de la **vida cotidiana**, de la transmisión de las ideas e intereses de un grupo como si fueran los que convienen a todos). El resultado es la creación de **sujetos** sumisos y acríticos que aceptan el orden establecido. Un **marxista** influido por **Gramsci** –N. **Poulantzas**– sostiene la importancia de la H en el interior del **bloque en el poder**, es decir al interior de la propia clase dominante, con el fin de regular sus antagonismos y lograr que cada una de las **fracciones** dominantes renuncie a sus intereses inmediatos particulares priorizando el interés político común y el dominio sobre las clases subalternas. Así, la H actúa como fuerza unificadora de los grupos dominantes. En forma simétrica, en el **bloque** revolucionario concebido como unidad contradictoria entre clases dominadas, la H de la **clase obrera** reside en la transformación del interés particular de esta clase, es decir, en el interés común de todos los explotados, una **contrahegemonía** orientada a socavar el orden burgués, transformando la sociedad civil y el **Estado** a través de una **reforma intelectual y moral**. La contrahegemonía, entonces, es la organización política, ideológica y cultural de la clase obrera y sus aliados con el objetivo de tomar el **poder** y realizar la **revolución socialista**.

Hobbes, Thomas (1588-1679): Filósofo **empirista** inglés y uno de los más importantes representantes del **contractualismo**. H fue testigo de la **revolución** de Cromwell a mediados del siglo XVII, y del **regicidio** de **Carlos I**. Sus objetivos se orientaban a evitar la **guerra civil** –como objetivo estratégico– y defender la **monarquía absoluta** –como instrumento–. Para H, el **estado de naturaleza** es un estado pre-político, anti-social y egoísta, con un hombre guiado por su instinto de conservación, lo que lo lleva a una **guerra de todos contra todos**. El **contrato social** se firma para salir de ese estado de sumo peligro y por su intermedio los hombres delegan todos sus derechos en el **Estado** (el *leviatán*), quien se encargará a partir de entonces del orden y tendrá la **soberanía** o autoridad única e indiscutible. H –en su argumentación en favor del **despotismo** monárquico– eliminó todo rastro de pensamiento religioso y no tomó en cuenta elementos económicos. Consideró a lo político como el ámbito del **poder** y el orden, en contraposición al estado de naturaleza, identificado con la **anarquía** y el caos. En el plano filosófico, H se basaba en una concepción **determinista** y **mecanicista** de la **ciencia**, planteando la elaboración de un **modelo** mecánico del universo, centrado en el movimiento y la **geometría euclidiana**. En su **teoría**, los propios **individuos** que determinan mecánicamente a la **sociedad civil**, están a su vez mecánicamente determinados. Obra fundamental: *Leviatán* (1651).

Honoratiores: **Individuos** notables que toman a la actividad **política** como a una profesión secundaria o a título honorífico, es decir, que no dependen de la política para subsistir. Los **partidos de notables** se formaban con los *H*.

I

Ideología: El término surgió a fines del siglo XVIII con el filósofo de la **Ilustración** Destutt de Tracy, quien definió a la I como el análisis de las ideas humanas. Desde otro punto de vista, la I puede ser vista como un conjunto sistemático de ideas. En *La ideología alemana* (1846), **Marx** reivindicó el espíritu revolucionario de la I de la **burguesía** francesa, en contraposición a la raíz **conservadora** e **idealista** de la I de la burguesía alemana. Según Marx, la I es una cosmovisión o visión del mundo y de la **sociedad** que enmascara la realidad material –condicionada por un **modo de producción** determinado– y constituye una **falsa conciencia**. La I dominante es la expresión de las ideas de la clase materialmente dominante que se extienden al conjunto de la **sociedad** como las "ideas generales". Algunos ejemplos: en épocas remotas, los ancianos tenían la palabra dominante, ya que se valoraba su experiencia. En muchas sociedades, hubo brujos y hechiceros que "revelaban" los secretos de la naturaleza. Más adelante, la "voz cantante" serán los filósofos (en Grecia) y la **Iglesia** (en la **Edad Media**). Los sacerdotes medievales eran "la" voz de Dios en la Tierra y su palabra era indiscutida: si lo decía el Papa era cierto y el que se oponía podía ser encerrado o condenado a la hoguera. El hecho de que hubiese un **discurso** y castigos para el desobediente, nos muestra que toda I dominante busca convencer -si es posible- o de lo contrario reprimir al que no está de acuerdo. Lo importante es que veamos que esta lucha "de ideas" (en la **superestructura**) tiene una raíz material (en la **estructura**). La **Modernidad** y el **capitalismo** también crearon su discurso y su I, desplazando a los Dioses y poniendo en su lugar a la "Diosa" **razón**. De este modo, la **lucha de clases** material se manifiesta también en el campo de las ideas y las **instituciones**: una **guerra**, una **elección** presidencial, las distintas posiciones políticas de dos diarios, el conflicto entre el **Poder Ejecutivo** y los jueces, son algunos ejemplos visibles de un conflicto no tan visible, que es el conflicto de clases. Louis **Althusser** plantea que la I es una representación de la relación imaginaria (y no de la relación real) de los **individuos** con sus **condiciones reales de existencia**. Sostiene que la I no tiene existencia ideal sino material y que *interpela* a los **individuos** como **sujetos**: los transforma de individuos (libres) en sujetos (no libres, pero que creen ser libres) que realizan ciertas prácticas sin cuestionarse nada y siendo funcionales al **sistema** (ejemplos: pensar que los villeros son "negros" y "chorros", que mamá "plancha" y papá "trabaja", que el **salario** del **obrero** equivale a su **trabajo**, que San Cayetano "da" trabajo, "siempre habrá pobres", "el éxito depende del esfuerzo personal", "la **desocupación** es culpa de los bolivianos y peruanos", "el hombre es egoísta por naturaleza", "los **trabajadores** no pueden gobernar", "no trabaja el que no quiere", etc). Por último, la I niega su carácter ideológico: no dice "los estoy engañando" sino "elijan libremente", garantizando, de este modo, la **dominación** de la **clase** dominante. Es importante tener en cuenta que la I no es una simple "mentira" o un engaño deliberado: es una visión *deformada* de la realidad pero que *opera* en la realidad (es decir que no son sólo palabras sino que se concreta en hechos y prácticas) en forma más o menos eficiente. Si fuera una simple mentira sería fácil desenmascararla. La mentira debe ser sutil, sostenible y **verosímil** (creíble). Un diario que mienta descaradamente perdería lectores todos los días; en cambio, un diario con periodistas que están ellos mismos convencidos de que son "objetivos" transmitirán I en forma eficaz (como dice el *slogan* del diario *La Prensa*: "La verdad y nada más que la verdad"). Se hace I tomando en cuenta las inquietudes y problemas de las clases a las que se quiere sojuzgar, replanteándolos en función de los intereses dominantes y presentándolos sólo una vez quitados sus elementos críticos: por ejemplo, los problemas de los obreros pensados (por los propios obreros) con la mentalidad de los burgueses. Mientras que las visiones reproductivistas y **estructuralistas** (el propio Althusser, **Foucault**) ven un dominio ideológico total por parte de las clases o grupos dominantes y los **populistas** endiosan a los consumidores de I sosteniendo que "el televidente tiene el control remoto y hace lo que quiere", una visión más equilibrada trata de ver las contradicciones existentes entre la dominación ideológica y la resistencia a ella.

Ilustración (Francia, siglo XVIII): Corriente filosófica y cultural, fuente de inspiración para la **Revolución Francesa**. Los pensadores de la I trataron de demostrar que la **razón** humana llevaría a "iluminar" la oscuridad **medieval** y religiosa (de allí "**iluminismo**" o "**siglo de las luces**"), llevando a una sola línea de **evolución**, hacia una **sociedad** cada vez más racional, para salir de la ignorancia y la superstición. Estos filósofos también trataron de descubrir **leyes** de la **sociedad**, tal como ya entonces se conocían las leyes naturales. A diferencia de los pensadores del siglo XVII -para quienes la explicación debía partir de la **deducción** estricta y sistemática- los "*philosophes*" construyeron su ideal de **explicación** y **comprensión** según el modelo de las **ciencias naturales** contemporáneas. No se inspiraban tanto en **Descartes** –aunque son herederos de su **racionalismo**– sino principalmente en **Newton**, quien estaba interesado en los **hechos**, en los **datos** de la **experiencia**; sus principios e investigaciones descansaban en ella y en la **observación**, es decir que tenían **base empírica**. Suponían que en el mundo material regían el orden y la ley universales. Las claves de la I pueden encontrarse en las influencias recibidas de los filósofos modernos que los precedieron: **inducción**, autonomía racional, **cientificismo**, anti-clericalismo, **liberalismo**, **antropocentrismo**, **humanismo**, progresismo, optimismo. Entre los pensadores de la I se destacan **Voltaire, Rousseau**, Diderot y D´ Alembert, creadores de la *Enciclopedia*.

Impeachment: Voz inglesa que refiere al **juicio político** que se realiza a un **Presidente**.
Imperio: Zona de dominio de gran extensión conquistada militarmente, **territorio** gobernado por un **Emperador** que manda por sobre los **príncipes** y **reyes** regionales.

Inconstitucionalidad: Situación en que una **ley**, un acto de **gobierno** o una conducta particular viola la letra y el espíritu de la **Constitución** de un **Estado**. Cuando se considera que existe I se puede apelar al mecanismo jurídico del **recurso extraordinario** (ver).

Indulto: Perdón de la **pena**, haciendo cesar los efectos de una condena, con lo que el beneficiario obtiene su libertad si se encuentra detenido. En nuestra **Constitución** (artículo 99), el I es concedido por el **Presidente** de la **República** a un condenado por **sentencia** judicial, en general por causas humanitarias, aunque es habitual la influencia de razones **políticas**.

Ingobernabilidad: Crisis de **gobernabilidad** originada en la ineptitud de los gobernantes para responder a los reclamos de los **ciudadanos**, lo que origina una **sobrecarga de demandas**. Este último aspecto es resaltado por las visiones **neoliberales** y **neoconservadoras**, quienes adjudican la I a la existencia de un **Estado** de tamaño y atribuciones desmesurados en el marco de un **régimen político** democrático que permite la participación pero no la controla (por ejemplo, el **Estado de Bienestar Keynesiano**).

Iniciativa popular: Presentación de un número determinado de firmas que representan un cierto porcentaje del cuerpo electoral que impone un *referéndum* para exigir al **Congreso** el tratamiento de un proyecto de **ley**, o la aprobación o derogación de una **norma**. Nuestra **Constitución**, en su artículo 39, excluye de la IP a los proyectos de reforma constitucional, tratados internacionales, **presupuesto, impuestos** y cuestiones penales.

Inmunidad parlamentaria: Privilegio que tienen los parlamentarios por el cual no pueden ser acusados, procesados penalmente ni perseguidos judicialmente mientras dure su mandato (salvo que estemos frente a una situación de *in fraganti delito*). La IP se **diferencia** de la **inviolabilidad parlamentaria**, que protege al legislador de cualquier responsabilidad por sus planteos o discursos políticos realizados en el ejercicio de su mandato. La IP tiene como objetivo proteger la independencia del **Congreso**. Existe también una inmunidad diplomática, una inmunidad **eclesiástica**, etc.

Inputs **(teoría de sistemas): Variables** de **entrada** en un **sistema**. En el campo de la **Ciencia Política**, según D. Easton, los I refieren a la interacción en un **sistema político** entre **roles, estructuras, subsistemas** y **culturas** en un **proceso** que parte de ciertos ingresos, **entradas** o **insumos** al **sistema** provenientes del medio o de su propio seno, que pasan por una conversión de éstos dentro del sistema para luego salir de éste en forma de **productos** (*outputs*) hacia el exterior. Por ejemplo, un reclamo social para la **sanción** de una **ley** de divorcio que finalmente sale aprobada (el reclamo es el *I*).

Institucionalismo: Rama de la **Ciencia Política** que estudia a las **instituciones** políticas (**gobierno, burocracia, partidos políticos, grupos de presión, Parlamento**, etc) y sus reglas de juego, junto con el **proceso** de toma de decisiones de una **sociedad**. También llamada **estudios institucionales. Institucionalización del conflicto de clases (Anthony Giddens):** Reconocimiento estatal de los intereses de **clase** antagónicos de la **sociedad** y su formalización en la negociación colectiva. Implementada por la **socialdemocracia**, el **keynesianismo** y el **populismo**, entre otros, la

ICC proporciona mecanismos de salida o atenuamiento de la **lucha de clases**, quebrando o debilitando el potencial revolucionario del **proletariado**.

Institucionalización política (Samuel Huntington): Proceso por el que las organizaciones y procedimientos políticos adquieren estabilidad. La IP es una característica fundamental del **desarrollo político**.

Instituciones: Aparato o conjunto de **estructuras** objetivadas del mundo social y político, a través del cual se ejerce el **poder** en una **sociedad** organizada como **Estado**. Las I son reglas de juego que se encarnan en la experiencia individual por medio de los **roles**. Hasta lo más individual, como el nombre, tiene arraigo en las I, que cumplen una **función** reproductora y **conservadora** del orden vigente, estableciendo lo permitido y lo prohibido, lo correcto y lo violatorio. Son I la **ley**, la **clase**, el **matrimonio**, la **religión**, etc. La I es un organismo regulador y estabilizador que canaliza las **acciones** humanas. **Durkheim** afirmó que la **Sociología** es la **ciencia** de las I. Para el **estructural-funcionalismo**, las I son **normas** de **conducta** establecidas y reconocidas por **grupos** sociales distinguibles, referidas a un tipo específico de relaciones e interacciones. Las I tienen las siguientes características: son creadas por el hombre, son permanentes, tienen normas propias y en ellas hay *status* y roles (jerarquización). Al nivel del **aparato estatal**, son I el **gobierno**, el **Parlamento**, los tribunales, la **administración pública** y la policía, entre otras.

Instituciones de secuestro (Michel Foucault): Espacios sociales donde se disciplina, controla, vigila y/o castiga a los **sujetos**. La escuela, la prisión, la oficina, el hospital, son IS que forman parte de la **microfísica del poder**.

Insumos: Ver *inputs*.

Insurgencia: Dícese de los grupos armados irregulares que combaten contra el **Estado**, con el fin de derrocar a un **gobierno** y/o tomar el **poder**. La **guerrilla** es el tipo más destacado de I.

Insurrección: Rebelión armada masiva que amenaza las bases del **poder** establecido, que puede tener características espontáneas o bien puede ser el punto culminante de una estrategia **política** revolucionaria de toma del poder, como sucede en el caso de los movimientos de I de raíz **marxista**.

Internacional: Agrupamiento de **partidos políticos** de distinta **nacionalidad** pero igual **ideología**, aunque el término refiere especialmente a los núcleos **obreros** adherentes al **marxismo**. En la **Primera** I se agruparon **anarquistas** y **marxistas**, mientras que la **Segunda** I agrupó a la **socialdemocracia**, surgiendo de un desprendimiento de ésta la **Tercera** I, de orientación **comunista**. Finalmente, León **Trotsky** fundó la **Cuarta** I. Existen también I de orientación **liberal**, democristiana, entre otras corrientes.

Internacionalismo: Postura que prioriza lo internacional por sobre lo nacional. En particular, el I **marxista** plantea la unidad mundial de los **trabajadores**, con independencia de la nacionalidad de los mismos (I proletario). El I se opone al **nacionalismo**, al que los marxistas consideran como un **fenómeno** subsumido en la **lucha de clases**. Aunque no desvirtúan la **legitimidad** de las luchas nacionales, los internacionalistas advierten sobre la utilización del nacionalismo como mecanismo ideológico de la **burguesía** para defender su interés de **clase**.

Internacionalismo proletario (marxismo): Unidad política **internacional** de la **clase trabajadora**, cuyo objetivo es la **revolución socialista** mundial. El IP se cristalizó en la formación de las internacionales **obreras** de fines del siglo XIX y principios del siglo XX.

Internacionalización: Según algunos autores como Coriat, etapa productiva que se extiende desde fines del siglo XIX hasta la **Primera Guerra Mundial**. Se caracteriza por la **soberanía** económica de los **Estados-Nación** y el intercambio internacional de **productos**. La I precedería a la **mundialización** y a la **globalización**.

Interpelación: Comparecencia del **gobierno** o sus **ministros** al **Parlamento** con el fin de rendir cuentas. **Institución** propia del **parlamentarismo**, si la I no satisface al cuerpo legislativo puede dar lugar a **censura** y posterior remoción o pedido de renuncia del funcionario.

Intervención federal: Acción del **gobierno federal** que remueve o mantiene a los gobiernos provinciales. Según nuestra **Constitución**, la IF se realiza para garantizar la forma republicana de gobierno, repeler invasiones de otras provincias, intromisiones exteriores o sediciones. Sólo puede declararla el **Congreso**, aunque si éste está en receso lo puede hacer el **Presidente de la República**.

Intervencionismo: Intromisión de un **Estado** en la **política** interna de otro Estado, a través de medios violentos o no violentos, con diversos fines: derrocar o instaurar **gobiernos**, imponer **ajustes** económicos, desarrollar una penetración cultural o ideológica, etc. En América Latina durante los siglos XIX y XX ha sido una constante el I de **EE.UU.** en sus asuntos internos.

Intervencionismo estatal: En una **economía capitalista**, injerencia del **Estado** en el **mercado**. El IE se generalizó en el mundo tras la **Crisis del 30**, con el **auge** de los planteos **keynesianos**. En general, va asociado al **proteccionismo** y a **políticas** industrialistas o de **sustitución de importaciones**, y puede incluir la **nacionalización** de un sector de la economía. En América Latina, el IE se ha dado también luego de la Crisis del 30, pero en especial está ligado a los **gobiernos populistas**.

Inviolabilidad parlamentaria: Protección dada al parlamentario por sus opiniones en el ejercicio de sus funciones. Se diferencia de la **inmunidad parlamentaria**, que protege al legislador de cualquier persecución judicial mientras se encuentre con sus **fueros**.

Issue: Tema factible de formar parte de una **agenda**.

Izquierda (1789 →): Desde la época de la **Revolución Francesa**, la I representa a aquellos sectores políticos que cuestionan el orden social vigente y proponen transformaciones, ya sean totales (I **revolucionaria**) o parciales (I **reformista** o **centroizquierda**), en favor de los sectores sociales más desprotegidos o explotados. Para **Bobbio**, la I representa el ideal de una **sociedad** igualitaria. En la I encontramos movimientos muy diversos, incluso dentro de los que se reivindican **marxistas: leninistas, trotskistas, maoístas, guevaris-**

tas, **castristas**, etc. Por fuera del marxismo, tenemos una I **anarquista**, una I **socialdemócrata** o **socialista reformista**, una I **nacionalista**, etc.

Izquierda nacional: Sector de la **izquierda** que reivindica la alianza de la **clase obrera** con la **burguesía nacional**, en oposición a la izquierda internacionalista, a la que denuncia como "cipaya". Para la IN, la **lucha de clases** se subordina a la lucha de la **Nación** contra el **imperialismo**.

Izquierda reformista: Sector de la **izquierda** que plantea reformas sociales y populares dentro de los marcos del **capitalismo** y el **parlamentarismo**. Históricamente, la **socialdemocracia** se colocó dentro de la IR tras su ruptura con los **comunistas** durante la **Primera Guerra Mundial**. Durante mucho tiempo, la IR reivindicó el objetivo **socialista**, aunque por la vía electoral y pacífica. Sin embargo, en las últimas décadas ha declinado ese planteo estratégico y se ha moderado fuertemente. De hecho, muchos **gobiernos** de la llamada IR han aplicado **políticas** cercanas a la **derecha neoliberal** (F. González en **España**, F. Mitterrand en **Francia**, R. Lagos en **Chile**, etc), reivindicando en forma abierta al **capitalismo**.

Izquierda revolucionaria: En términos estrictamente marxistas, sector de la **izquierda** que reivindica la **dictadura del proletariado**, la **revolución socialista** internacional y la vigencia del **marxismo**. En oposición a la **izquierda reformista**, la IR no cree en la vía pacífica y parlamentaria para la toma del **poder** y se plantea organizar a la **clase obrera** en un **partido** revolucionario que dirija la **insurrección**, con el **Partido Bolchevique** ruso como **modelo** fundamental.

J

Jaula de hierro: Expresión utilizada por Max **Weber** y Robert Michels para referirse a la inevitabilidad de la **burocratización** de todas las organizaciones de la **sociedad** contemporánea.

Jefe de Estado: Funcionario que representa a la unidad de la **Nación** frente a otros **Estados**. En los regímenes **parlamentaristas** existe un Poder Ejecutivo dualista: el JE puede ser un **Rey** (en las **monarquías**) o un **Presidente** (en las **Repúblicas**) no elegido por **voto** popular –salvo en algunos regímenes **semipresidencialistas**- y con pocas atribuciones. Cumple más bien un rol simbólico (se dice de él que es una "máquina de firmar que no puede negar su firma"), siendo el **Jefe de Gobierno** o **Primer Ministro** (junto con el **gabinete**) el detentador real del **poder** político. En el caso del **presidencialismo** (**EE.UU.**, **Argentina**, etc) coincide con el **Jefe de Gobierno**, que es el **Presidente** o titular del **Poder Ejecutivo**.

Jefe de Gabinete: Funcionario nombrado por el **Presidente** de la **Nación** que se encarga de la administración general del país. En nuestro país, sus atribuciones están estipuladas en el artículo 100 de la **Constitución**: convoca a las reuniones del **gabinete**, remite al **Congreso** la **ley de Ministerios** y de **Presupuesto**, organiza la recaudación de las **rentas** nacionales, entre otras. Puede ser removido por el Presidente, por **moción de censura** o por **juicio político**.

Jefe de Gobierno: En el **parlamentarismo** y en el **semipresidencialismo**, **Primer Ministro** y cabeza del cuerpo de **ministros** que ejerce el **poder** político, dejando la representación simbólica de la **Nación** en manos del **Jefe de Estado**. El JG es elegido por el **Parlamento**, siendo en general el **líder** del **partido** mayoritario (por ejemplo, **Inglaterra** o **Alemania**; en **Francia**, el Primer Ministro es nombrado por el Presidente de la **República**). En el **presidencialismo** (por ejemplo, **EE.UU.**) el JG y el Jefe de Estado están unificados en la misma persona.

Juicio de responsabilidad política: Ver **juicio político**.

Juicio político: Juzgamiento del **Presidente**, el **Vicepresidente**, el **Jefe de Gabinete**, los **Ministros** o los jueces de la **Corte Suprema** de Justicia de la **Nación**, por parte del **Congreso**. La **Cámara de Diputados** es acusadora y la **Cámara de Senadores** es la que acusa, pudiendo destituir al funcionario acusado.

Jurisdicción: Facultad del **Estado** –por intermedio del **Poder Judicial**– para administrar justicia. Ámbito o contexto general en el que se aplica una **ley**. Potestad **pública** que tienen los jueces para intervenir y fallar en los **pleitos**. También se llama J al **territorio** sobre el que se ejerce autoridad **política**.

Jury **de enjuiciamiento:** Procedimiento para la remoción de jueces federales.

Jusnaturalismo: **Doctrina** del **derecho natural**, de base **aristotélico-tomista**. En oposición al **positivismo jurídico**, el J sostiene que hay una conexión intrínseca entre **Derecho** y **moral**. La expresión "derecho natural" tuvo su origen en **Roma**, entendida como un derecho superior al positivo. Más adelante Cicerón apoyó la idea de un orden superior, inmutable, que no puede ser derogado por el **derecho posi-**

tivo. El derecho natural **cristiano**, existía ya desde **Justiniano**, pero es **Santo Tomás de Aquino** quien construye el J cristiano o aristotélico-tomista o simplemente tomista. En cuanto al derecho natural **racionalista**, se originó en el **Iluminismo** europeo de los siglos XVII y XVIII, expuesto por filósofos como **Spinoza**, **Pufendorf**, Wolff y **Kant** -aunque tuvo en **Grocio** un antecedente importante- y despojó al derecho natural de cualquier contenido sobrenatural. El **tomismo** parte de la revelación, mientras que el derecho natural racionalista lo hace de la propia naturaleza del hombre.

L

La democracia en América (Alexis de Tocqueville, 1835-1840): Con esta obra, **Tocqueville** propagó la experiencia norteamericana en Europa, destacando la igualdad de oportunidades y legal, basadas en la descentralización **política**: **autonomía federal**, **democracia** en la **vida cotidiana**, acceso a la **tierra**, etc. Esto se debía, según este autor, a factores como la inexistencia de vecinos que pudieran convertirse en competidores, la **cultura** igualitaria de los **inmigrantes**, la organización **federal**, la libertad de prensa y religiosa, la separación de **Iglesia** y **Estado**. Tocqueville destacó lo bueno de una alta participación política regulada por una **Constitución** y consideró al **municipio** como el ámbito de participación y **bien común**. Consideró que la moderación de la **Revolución Americana** –en comparación con los excesos de la **Revolución Francesa** que condujeron al **terror**, a nuevos **absolutismos** y al **imperio**– era el **modelo** a imitar.

La guerra es la continuación de la política

por otros medios (von Klausevitz): Clásico aforismo que busca justificar las guerras. Paradójicamente, la visión de von Klausevitz no vincula a la política con la **guerra (lucha) de clases.**

La Política **(Aristóteles): Aristóteles** analizó en esta obra la **teoría** clásica de las formas de **gobierno.** Tomó en cuenta dos elementos centrales: quién gobierna y cómo gobierna. Según el primer parámetro, distinguió el gobierno de una sola persona o **monarquía,** el gobierno de pocas personas o **aristocracia** y el gobierno de muchas personas o **democracia.** Según el segundo criterio, planteó la existencia de constituciones puras o impuras, donde la degradación de la monarquía es la **tiranía,** la aristocracia es la **oligarquía** y la de la democracia es la **demagogia.**

La República **(Platón):** Tratado de **política** y **teoría** del **Estado** y la **moral. Platón** lo escribió en forma de diálogos y en ella defiende la distribución del trabajo, la censura previa y el **gobierno** de los mejores (en su opinión, los filósofos).

Laicismo: Doctrina que postula la independencia del hombre, de la **sociedad** y del **Estado** con respecto a la **religión.** Opuesto: **confesional.** (Ver también **secular** y **secularización**).

Laudo arbitral: Decisión tomada por un **Estado,** tribunal internacional o personalidad, en el marco de un arbitraje pedido por dos o más naciones en conflicto, con el fin de dar fin a las controversias.

Leader: Voz inglesa que significa "**líder**", persona que antiguamente representaba al monarca en el **Parlamento** y que comandaba el **gabinete,** el cual se transformó en una comisión del **partido** mayoritario y en el único **poder** políticamente decisivo. En la actualidad, el *L* es el jefe de gabinete. A diferencia del *boss* americano, el *L* británico tiene carácter **público** y visible.

Legalidad: Hay L cuando un **poder** se ejerce de acuerdo con las **leyes** establecidas o de algún modo aceptadas. Para algunos autores, para ser tal, la L debe fundarse en **normas** sancionadas por un poder **legítimo,** ya que si surge de un régimen ilegítimo, sería una falsa L, sólo aparente. Mientras que la L tiene que ver con el ejercicio del poder, la **legitimidad** se relaciona con la titularidad, con el origen del poder. Un poder es legal cuando se ejerce de acuerdo con las leyes. Lo contrario de un poder legal es un **poder arbitrario.**

Legislatura: Ver **Parlamento.**

Legitimidad: Creencia en que las **instituciones políticas** deben ser respetadas y obedecidas, reconociendo al que manda el **derecho** a hacer uso de la fuerza para hacer cumplir las **normas.** Esto significa que los **valores** de los que mandan deben ser compartidos por los que obedecen. Cualidad que los obligados a obedecer a un **poder** le asignan a éste, lo que implica un grado de **consenso** tal que asegure la obediencia sin que sea necesario recurrir a la fuerza (o que ésta sea un último recurso). Un poder es legítimo cuando su título está fundado jurídicamente. **Weber** sostiene que la L implica la aceptación de una norma dictada por otro en la creencia de su efectividad. Según los **tipos de dominación** weberianos (ver), la L de un orden puede ser garantizada por adhesión sentimental, racional con respecto a valores (morales, estéticos, etc.), creencia religiosa o tradicional, o por motivaciones estrictamente racionales. Lo contrario de un poder legítimo es un **poder de hecho**. Sin embargo, puede haber **L de origen** y perderse la **L por representación** o la **L por resultados** (por ejemplo, un **gobierno** que gana las **elecciones** y no responde a las expectativas populares). A la inversa, puede no existir una L de origen, pero sí por representación o por resultados (por ejemplo, un gobierno que accede por medio de una **revolución** y da respuestas al **pueblo**).

Legitimidad de origen: Respaldo popular a un **gobierno** en razón de que éste accede al **poder** respetando los medios legales y culturales preestablecidos.

Legitimidad por representación: Respaldo popular a un **gobierno** en razón de que éste responde a las demandas de los gobernados.

Legitimidad por resultados: Respaldo popular a un **gobierno** en razón de que éste logra el bienestar de los gobernados.

Lema: En el **sistema electoral** denominado **Ley de L**, cada L representa a un **partido político** o **coalición** de partidos que agrupa a varios **sublemas** o boletas electorales, las cuales se suman.

Lenin (Vladimir Illich Ulianov, 1870-1924): Político y abogado **marxista** ruso, **líder** de la **Revolución Rusa** de 1917 (ver) y cabeza del **Partido Bolchevique** y la **Tercera Internacional**, ambas organizaciones de tendencia **comunista**. Encabezó la toma del **poder** por parte de los **obreros y campesinos** rusos, postulando la **dictadura del proletariado** y la construcción de la **revolución socialista** a escala mundial. Escribió obras fundamentales del marxismo, como *El imperialismo, etapa superior del capitalismo* (1916) o *El Estado y la revolución* (1917). Una enfermedad lo desplazó del poder en 1922, quedando la conducción del **Estado obrero** en manos de Joseph **Stalin**, quien renunció a los ideales comunistas e implementó una **dictadura burocrática**.

Leninismo (1903 →): Doctrina de Lenin, líder máximo de la **Revolución Bolchevique**. El L se opone a dejar librada la suerte de la **clase obrera** a sus luchas espontáneas –que sirven para la lucha por reivindicaciones económicas en los marcos del **capitalismo**, pero no para destruir las bases de éste– y postula la necesidad de crear un **partido** obrero -formado por revolucionarios profesionales– que guíe a los trabajadores hacia la toma del **poder** a través de la organización y la **conciencia** de clase. (Ver también **marxismo** y **marxismo-L**).

Leviatán **(Thomas Hobbes):** Denominación del **Estado** en la **teoría** de este autor **contractualista**. Según su origen bíblico, refiere a un monstruo marino que personifica al demonio.

Leviathan **(Thomas Hobbes, 1651):** Obra cumbre de este autor contractualista y **absolutista**, en cuya tapa se podía observar un dibujo mostrando cómo el **Estado** era el resultado de la suma de los cuerpos de los hombres comunes. **Hobbes** fue testigo de la **Revolución** de **Cromwell** a mediados del siglo XVII y del **regicidio** de **Carlos I**. Sus objetivos se orientaban a evitar la **guerra civil** y defender la **monarquía absoluta**. Para Hobbes -uno de los autores más importantes del **contractualismo**- el **estado de naturaleza** es antisocial, egoísta, con un hombre guiado por su instinto de conservación que lo lleva a una **guerra de todos contra todos**. El **contrato social** se firma para salir de ese estado de sumo peligro y por medio de él los hombres delegan todos sus derechos en el Estado (el *L*), quien se encargaría ahora del orden y tendría la **soberanía** o autoridad única e indiscutible. Hobbes, en su argumentación en favor del **despotismo**, eliminó todo rastro de pensamiento religioso y no tomó en cuenta elementos económicos. En su visión, lo **político** es el **poder**, el orden, en contraposición al estado de naturaleza que es la **anarquía** y el caos.

***Leviathan*:** Concepción de la **política** como orden y sinónimo del **Estado**. Opuesto: *behemoth*.

Ley: Una de las **fuentes del derecho**, la más importante. Según la definición de Planiol, regla social obligatoria establecida de modo permanente por la autoridad **pública** (normalmente, emanada del **Poder Legislativo** y sancionada y promulgada por el **Poder Ejecutivo**) y sancionada por la fuerza. Toda L es de orden **público**, obligatoria y coactiva. Se diferencia del **decreto** en que la L contiene disposiciones de tipo general y abstracto, mientras que el decreto refiere a situaciones particulares.

Ley de hierro de la oligarquía (Robert Michels): Tesis de este sociólogo que plantea que los líderes de cualquier **organización** se van separando de sus bases formando una **oligarquía**, que manipula a las **masas**. De este modo, Michels plantea que ninguna **sociedad** puede sobrevivir sin la existencia de una **clase dominante** (las mayorías son incapaces de gobernar). Esta tendencia sería común a todas las organizaciones, tanto las **burocracias** públicas como las grandes **empresas**, los **sindicatos**, los **partidos políticos**, etc.

Ley de lemas: Sistema electoral en el que cada **partido** (o "**lema**") presenta varias listas (o "sublemas"). El **ciudadano** que vota elige un sublema que a la vez es parte de un lema. Se suman todos los **votos** de los sublemas que constituyen un lema y resulta ganador el **sublema** con más votos. De aplicación en varias oportunidades en **Uruguay**, la LL busca desalentar la dispersión electoral en pequeños partidos, favoreciendo a las fuerzas políticas tradicionales.

Liberación nacional: Proceso por el que países subdesarrollados, periféricos y dependientes de los centros **imperialistas**, logran un grado considerable de independencia económica y **política**. Con la finalización de la **Segunda Guerra Mundial** y el desarrollo del **movimiento tercermundista**, se desenvolvió una lucha de LN, en muchos casos armada, en buena parte de los países coloniales de África y Asia, y se formaron **guerrillas** de LN en los países -formalmente libres pero dependientes- de América Latina. En algunos casos, esos procesos no se detuvieron en la fase nacional burguesa, sino que avanzaron rápidamente hacia medidas de tipo anticapitalistas o **socialistas** –**Cuba**, Yugoslavia, etc–, enfrentando a sus propias **burguesías nacionales**.

Liberalismo (fines del siglo XVIII →): Doctrina económica y **política** desarrollada en el contexto de la **Primera Revolución Industrial** y la **Revolución Francesa**, como expresión de los intereses de la **burguesía**.

Liberalismo político (fines del siglo XVIII →): Rama del **liberalismo** que se basa en el respeto de las libertades y derechos individuales por parte del **Estado**, la **división de poderes**, el **gobierno** representativo y la **democracia** –con diversos matices según los autores-. Se fundamenta en el **contrato social** y representa lo **público**, las decisiones que se toman centralmente. En los siglos XVIII y XIX, el LP expresó los intereses **burgueses** opositores al **conservadorismo**, es decir la crítica de las **corporaciones**, lo **aristocrático**, el **clero**, los privilegios **estamentales** y el **mercantilismo**. Pensadores principales: John **Locke**, **Montesquieu**, Alexis de **Tocqueville** y Jean-Jacques **Rousseau**.

Liberalización: En la llamada **transición a la democracia** (ver), la L es el paso previo a la **democratización**. Se inicia con una pérdida de **legitimidad** del **régimen político** autoritario imperante, con conflictos internos en la coalición gobernante y presiones externas que llevan a este **régimen político** a presentar una faceta cuasi-democrática.

Libertad de los antiguos (Benjamin Constant): Libertad centrada en la participación activa en la **política**, entendida como "cosa **pública**" y basada en hacer todo lo que las **leyes** permiten. Libertad propia del participacionismo democrático ligado a la *Polis* de los antiguos griegos. Opuesto: **libertad de los modernos**.

Libertad de los modernos (Benjamin Constant): Libertad pasiva o negativa del hombre moderno, basada en la seguridad individual –alejada del mundo de la **política pública**- y que se ejerce no por voluntad sino por omisión o delegación. Es la libertad moderna, propia del **liberalismo** individualista, donde los **ciudadanos** se cuidan de que el **poder** político avance sobre sus derechos civiles. Opuesto: **libertad de los antiguos**.

Líder: Conductor que influye y manda sobre un **grupo** social. Una forma típica de liderazgo es la de un **caudillo**, que opera como un **L carismático** con un **poder** de origen extraordinario sobre las **masas**. **Weber** distingue, en sus **tipos de dominación**, liderazgos basados en el **carisma**, la **tradición** o la **ley**.

Líder carismático: Personalidad con cualidades extraordinarias que logra la obediencia por parte de las **masas**. Ejemplos de LC son los líderes religiosos, **caudillos**, militares **populistas**, entre otros.

Lista completa: Sistema electoral donde aquel candidato o **partido político** que obtiene más **votos** (**mayoría relativa**) se atribuye la totalidad de las **bancas**, sin importar que no haya obtenido la **mayoría absoluta** de **sufragios**. Ningún otro partido obtiene representantes. Opuesto: **lista incompleta**.

Lista incompleta: Sistema electoral donde se determina de antemano cuántos cargos se llevará el **partido** mayoritario, dándose el resto de los cargos a la **primera minoría**. Opuesto: **lista completa**.

Lista sábana: Boleta electoral donde figura una numerosa lista de candidatos, en su mayoría desconocidos. De este modo, el **ciudadano** vota a uno o dos candidatos que conoce y decenas que le siguen en la lista que no sabe quiénes son.

Lobby: Voz inglesa que significa "corredor" o "pasillo" que refiere a los cabildeos que hacen los grandes **grupos de presión** sobre la **burocracia** estatal o en los pasillos legislativos, para que se discutan y aprueben **leyes** que los favorecen (o para evitar que se trate o que se apruebe alguna cuestión que los perjudica). En **EE.UU.**, el

L surgió en Nueva York en 1789 cuando un conjunto de **granjeros** y comerciantes que fueron al **Congreso** a reclamar determinados beneficios (como **contratos** o **patentes**) fueron invitados a esperar en el *L*. Actualmente, en ese país es una actividad normal y reglada.

Locke, John (1632-1704): Filósofo **empirista** y médico inglés, partidario de la **teoría contractualista**. En lo político, L es el teórico del **liberalismo**, y su teoría se vincula con la **Revolución Gloriosa** de 1688, anti-monárquica y anti-religiosa. Partió de un hipotético **estado de naturaleza** racional –para **Hobbes** era irracional– donde no había una lucha de todos contra todos sino asistencia mutua. Los hombres tenían allí derechos innatos naturales e inviolables, en particular la **propiedad privada**, derecho que surge del **trabajo** del hombre al transformar la naturaleza. Con el contrato, el hombre conserva sus derechos (junto con la propiedad, la vida y la libertad) y puede invocarlos ante el gobernante, quien puede ser revocado por el **pueblo**. El **individuo** es más importante que el **Estado**, el que sólo es un garante de los derechos de aquél, lo que habilita a los individuos a rebelarse contra un **gobierno** o **leyes** injustas. Su obra representó los intereses de la **burguesía**, que requería garantías para sus propiedades y libertad de **producción** y comercio. Su modelo político limitaba la **democracia** a la participación de los propietarios. Entre sus obras principales encontramos a: *Ensayo sobre el entendimiento humano* (1689) y ***Ensayo sobre el gobierno civil*** (1690).

M

Mandato imperativo: Tipo de **representación** por la cual el mandatario debe acatar el mandato de su elector, pudiendo ser removido por incumplimiento. Ejemplo: la representación **estamental** de la **Edad Media**, las **corporaciones** en el **Estado moderno**, la **soberanía del pueblo** de Rousseau y la **democracia** de los *soviets* de Lenin. (Ver también **representación funcional**). Opuesto: **mandato libre**.

Mandato libre: Tipo de **representación** que plantea que los gobernantes representan a toda la **sociedad** y no a sus electores particulares y –por lo tanto– no están ligados a un **mandato imperativo** por parte de éstos. El ML fue, en la **Revolución Francesa**, expresión de la **soberanía** de la **asamblea** elegida por el **pueblo** o **soberanía nacional**, en oposición a la **soberanía del pueblo** de raíz roussoniana. (Ver también **representación política**).

Mandato representativo: Ver **mandato libre**.

Mando: Potestad de una voluntad particular para ordenar a otras voluntades particulares, que modela la **cohesión** de un **grupo**. Una crisis política implica así una crisis de M, porque lo que está en juego es la capacidad de decidir y de obligar a cumplir las decisiones.

***Manifiesto Comunista* (Karl Marx y Friedrich Engels, 1848):** Obra fundacional del **marxismo**, el MC surgió cuando en Europa se estaba desarrollando la **Segunda Revolución Industrial** y la **clase obrera** comenzaba a tener cada vez mayor importancia. Este **proletariado** sufría una fuerte **explotación** pero no tenía claros sus objetivos.

Marx y **Engels** trataron de concientizar y organizar a los **trabajadores** con el fin de que éstos se organizaran en un **partido** revolucionario de los trabajadores, un partido obrero, para tomar el **poder**, destruir al **capitalismo** y crear una **sociedad comunista**, sin explotadores ni explotados.

Maoísmo (1949 →): Ideología de los seguidores de **Mao Tsé Tung**, líder de la **Revolución China** de 1949. A diferencia del **marxismo** clásico, el M postuló al **campesinado** –y no a la **clase obrera**– como **clase** revolucionaria, reivindicando además como **líder carismático** indiscutido a Mao. También planteó la necesidad de atacar la **burocratización** del **Estado** surgido de la **revolución** –especialmente durante el período de la llamada **Revolución Cultural**– y sostuvo posiciones **nacionalistas**. Sin embargo, sus críticas al burocratismo en las revoluciones –incluyendo a la **U.R.S.S.**– no incluyeron a la figura de **Stalin**, a quien el M, con algunas reservas, reivindica.

Maquiavelo, Nicolás (1469-1527): Político y pensador italiano, fue el primer politólogo moderno. Hombre de experiencia práctica, como diplomático escribió en 1515 *El Príncipe*, una obra en la que daba consejos a los gobernantes de Florencia (los Médici) para lograr la unidad de **Italia**, país que estaba fragmentado en pequeñas **ciudades-Estado** independientes y que por eso se veía perjudicado ante la unidad de sus vecinos (**Francia, Inglaterra**, etc). En su obra, describió -no lo que los gobernantes deberían hacer- sino lo que en realidad hacen. Así, M fue el primer teórico de la **política** del **poder**: cuanto más poder tenga un Príncipe (entendido como cualquier gobernante), más probabilidades tendrá de sobrevivir. Un gobernante debe estar dispuesto a hacer

cualquier cosa para obtener, conservar y aumentar su poder: "**el fin justifica los medios**". Apartando a un lado la **moral**, describió a la política en términos de **causas** y efectos, simplificando todo en unos pocos elementos y **leyes** (al igual que los grandes científicos naturales de los siglos XVI y XVII). De este modo, M expuso los **métodos** de obtención y conservación del poder como una forma de fortalecer al **Estado**. Para ello, planteó revalorizar lo terrenal y al hombre, tanto tiempo subordinado a Dios. El hombre podría desde entonces cambiar las cosas y ser distinto. La política debía ser una actividad humana, y la **sociedad** debería ser ordenada por el Estado. M reivindicó la violencia del Estado, porque sin ella no sería posible ordenar la sociedad de los hombres. Pero advirtió que no debe abusarse de ella -porque se corre el riesgo de una **rebelión**-: lo que hay que hacer es combinarla con la búsqueda del respaldo de los gobernados. Así, la **ciencia** de la política consiste en combinar la fuerza *sobre* el **pueblo** (**coerción**) con la fuerza *del* pueblo (**consenso**), por ejemplo en las leyes: obligatorias (coerción), pero aceptadas por todos (consenso). Sus preguntas centrales eran cómo lograr la simpatía del pueblo hacia el gobernante, cómo y cuando usar la fuerza y cómo lograr estabilidad en el poder. Y todo ello abandonando los supuestos religiosos y ubicándose desde el punto de vista de los hombres (**secularización**).

Marx, Karl Heinrich (1818-1883): Filósofo y economista alemán, fundador del **socialismo científico, comunismo** o **materialismo histórico**. Postuló la **lucha de clases** como motor de los cambios históricos y –en el contexto de la **Segunda Revolución Industrial**- comenzó a organizar a la **cla**-

se obrera mundial con el objetivo del derrocamiento revolucionario del **capitalismo** y la instauración de una **sociedad** comunista, sin explotadores ni explotados. Fue uno de los fundadores de la **I Internacional** y explicó el funcionamiento básico del **modo de producción capitalista** a través de la **acumulación de capital**, en base a la extracción de **plusvalía** realizada por la **burguesía** sobre el **proletariado**, señalando que las contradicciones del **sistema** lo llevarían a su autodestrucción. Entre sus obras principales encontramos a: *Manifiesto del Partido Comunista* (1848, junto a Friedrich **Engels**) y *El Capital* (1867).

Marxismo (1843 →): Doctrina creada por Karl **Marx** que explica el funcionamiento de la **sociedad** en base a la **producción** material de la existencia humana y a la **lucha de clases** a través de la **historia (materialismo histórico)**. Sostiene que la **propiedad privada de los medios de producción** es la base de la **explotación del hombre por el hombre** y que el **Estado** es un instrumento de la **clase dominante** para oprimir a las otras clases. El M introdujo en la **teoría del valor** el concepto clave de **plusvalía**, aquella parte del **trabajo del obrero** que no es remunerada y que un **capitalista** se apropia con el objetivo de acumular **capital**. Explicó también cómo dicha **acumulación** aumenta la **composición orgánica del capital**, provocando una **tendencia a la caída de la tasa de ganancia**, y con ello, **crisis** recurrentes que pueden abrir paso a **situaciones revolucionarias**. El M postula la formación de un **partido obrero** que derroque en forma revolucionaria a la **burguesía** e instaure la **dictadura del proletariado**, un **Estado obrero** como fase de transición a la sociedad **socialista** y a la fase final: el **comunismo**, sociedad sin clases ni Estado. El M se formó a partir

de tres fuentes principales: la **economía política** en **Inglaterra** (**Smith** y **Ricardo**), el **socialismo utópico** en **Francia** e Inglaterra (**Saint-Simon, Owen, Fourier**) y la **filosofía dialéctica** y **materialista** en **Alemania** (**Hegel** y **Feuerbach** respectivamente). Desde su surgimiento, el M ha dado lugar a una gran diversidad de movimientos (en muchos casos, antagónicos entre sí) que se reclaman pertenecientes a esta doctrina: **socialdemocracia, leninismo, stalinismo, trotskismo, maoísmo, castrismo, guevarismo**, etc. Entre los sucesores más importantes del M inicial de Marx y Friedrich **Engels**, se destacan **Lenin**, León **Trotsky**, Rosa **Luxemburgo**, Antonio **Gramsci**, José Carlos **Mariátegui** y Ernesto **Che Guevara**.

Marxismo-leninismo (principios del siglo XX): Doctrina que completa al **marxismo** con los postulados de **Lenin**, desarrollando la idea de la organización revolucionaria mundial del **proletariado** y la lucha contra el **Estado**. Uno de los aspectos novedosos respecto del marxismo anterior es el planteo de que la **revolución socialista** no necesariamente debe comenzar en los países capitalistas más desarrollados, pudiendo iniciarse en los eslabones más débiles de la cadena del **capitalismo** mundial. Este postulado permitió a los **comunistas** rusos tomar el **poder** en un país **agrario** atrasado y con una débil **industria** (y lo mismo ocurrió posteriormente con **China**). Luego de la muerte de Lenin, el ML terminó por identificarse con el **stalinismo** oficial de la **U.R.S.S.** (ver marxismo **vulgar**) abandonando el planteo del **socialismo** internacional e identificándose con los intereses de la **burocracia** estatal soviética.

Marxismo vulgar: Lectura simplificada del **marxismo**, basada en una **filosofía materialista** a-histórica (**Feuerbach**) y positi-

vista (sostenida en una utilización tergiversada del **concepto** de "materialismo dialéctico"), e influida por el **mecanicismo**, el **determinismo** y el **economicismo**. El MV plantea la centralidad de los **fenómenos** económicos en abstracto y el carácter inevitable de la **revolución**, subestimando la importancia de la **lucha de clases**, la **historia**, la **conciencia de clase** y los factores **subjetivos**. Fue propio del **stalinismo** y aún hoy es utilizada como herramienta argumentativa por los adversarios del marxismo para impugnar al conjunto de la **teoría**.

Mayoría absoluta: Votación favorable de la mitad más uno. Por ejemplo, puede tratarse de una MA en un cuerpo legislativo o en una **elección** popular (como se exige en el caso del *ballotage*).

Mayoría calificada: Votación en la que se exige un porcentaje de **sufragios** superior al habitual (por ejemplo, dos tercios o tres cuartos) en razón de la trascendencia del tema tratado.

Mayoría parlamentaria: Sector de parlamentarios que tiene mayor cantidad de **bancas** que el resto de los **bloques** legislativos. A la MP le corresponde la dirección del **Parlamento**.

Mayoría relativa: Grupo o **partido político** que obtiene en las **elecciones** la mayoría de los **sufragios**, no sobre la base de los votos totales (**mayoría absoluta** del 50 % más un **voto**), sino por obtener más votos que las demás listas. Por ejemplo, si el partido A obtiene diez mil votos, el partido B, siete mil y el partido C, cinco mil, el partido A tendrá una MR (pero no la mayoría absoluta, ya que diez mil es menos que los doce mil que suman los partidos B y C). En el **sistema electoral** de **lista completa** la MR se lleva todos cargos en disputa, mientras que en el de **lista incompleta** se queda con los dos tercios (un tercio es para la **primera minoría**, el partido B en el ejemplo).

Mayoría simple: Sinónimo de **mayoría relativa**. En el **Parlamento**, se habla de MS cuando en una votación se exige una mayoría sobre la base de los legisladores presentes y no sobre el total de parlamentarios del cuerpo.

Microfísica del poder (Michel Foucault): Característica de funcionamiento del **poder** en la **sociedad** moderna. En ella, cada **institución** cumple su papel: la **fábrica** fija a los individuos a un aparato de **producción**, la escuela los fija a un aparato de transmisión de **saber**, el hospital los liga a un aparato de corrección y normalización, etc. Se trata de una MP o **poder capilar** que controla la totalidad del tiempo y el cuerpo de los individuos. Se busca construir, constituir individuos "normales", que interioricen las **normas** y que adecuen sus **conductas** de acuerdo a esas normas, es decir, que se cumpla la **disciplina**. Un **individuo** normalizado es un individuo dócil, útil, productivo y económicamente rentable. Utilidad y obediencia se reproducen mutuamente.

Micropoder (Michel Foucault): Poder capilar, **poder panóptico** normalizador, cuyas relaciones atraviesan todo el cuerpo social hasta encarnarse en la **vida cotidiana** y los cuerpos de los **individuos**. Este M ha actuado en la **sociedad** moderna, creando las condiciones que permiten la formación de la sociedad industrial: el tiempo de los hombres se transformó en **tiempo de trabajo** y el cuerpo de los hombres se convirtió en **fuerza de trabajo**. El **panoptismo**

tiene como **función** transformar el tiempo y el cuerpo de los **individuos**, formando y corrigiendo el cuerpo para que tome aptitudes que lo califiquen como cuerpo capaz de trabajar. Las **instituciones** que encuadran la vida cotidiana de los **individuos** -la escuela, la **fábrica**, el hospital, el lugar de **trabajo**, etc.- tienen un fin específico: enseñar o educar, producir, curar, en el marco de una **disciplina** general.

Ministros: Cada uno de los responsables de un área del **Estado**. Los M son colaboradores del titular del **Poder Ejecutivo**. En el **presidencialismo**, los M son nombrados por el **Presidente**, mientras que en la **monarquía absouluta** son designados por el **Rey** y en la **monarquía constitucional** el **Primer Ministro** los elige con el acuerdo del Rey. En el **parlamentarismo**, el **bloque** legislativo mayoritario elige al Primer Ministro. En el ordenamiento legal argentino, no forman parte del Poder Ejecutivo (artículo 100 de la **Constitución**). La remoción puede ser hecha por el Presidente o por el **Congreso** a través del **juicio político**. En el campo religioso, se llama así a aquellos que desempeñan funciones pastorales.

Moción de censura: Característica central del **parlamentarismo**, la MC consiste en una petición de renuncia del **gobierno** o de algún **Ministro** (normalmente impulsada por la **oposición**) concretada en un **voto** adverso del **Parlamento**, que obliga efectivamente a aquel a irse (o a disolver el Parlamento y convocar a **elecciones**). En el último siglo, en **Inglaterra** sólo se han aprobado dos MC (1895 y 1979) y en **Francia** y en **Alemania,** una (1962 y 1982, respectivamente). En algunos **regímenes presidencialistas** también existe este mecanismo, entre ellos la **Argentina**. Sin embargo, en la mayoría de los **presidencialis-**

mos se utiliza otro procedimiento: el **juicio político**. Opuesto: **voto de confianza**.

Moción de confianza: Ver **voto de confianza.**

Modelo de democracia competitiva: Prototipo de **democracia** basado en la autorregulación de la **sociedad** y donde el **sistema político** funciona de modo análogo al **mercado** económico, sobre la base de la **libre competencia** entre **individuos**. El MDC se vincula con el **conductismo**, la **teoría pluralista de la democracia** y la **teoría de la elección racional**. Su **paradigma** es el **sistema político** de EE.UU. Se le opone el **modelo de democracia consensuada**.

Modelo de democracia consensuada: Prototipo de **democracia** basado en la centralidad de la **comunidad**, en oposición al individualismo del **pluralismo**. Con influencias de la weberiana **democracia como compromiso**, el MDC sostiene que sólo el **Estado** –y no el **mercado**– puede construir –a través de la ingeniería institucional– sociedades democráticas. Así, la democracia resulta del diálogo entre **actores sociales** antagónicos, mediante la institucionalización del conflicto social. Con centro en Europa, se le opone el **modelo de democracia competitiva**.

Modelos de democracia (Macpherson): Tipificación de diferentes clases de **democracia**. Macpherson describe cuatro MD: democracia como protección (de los derechos individuales frente al **absolutismo**: Bentham), como desarrollo (como mecanismo para garantizar la felicidad de las personas: John S. **Mill**), como equilibrio (como **mercado** donde los votantes eligen quién gobierna: **Schumpeter**) y como participación (como superación de la **de-**

mocracia **representativa**, con influencias roussonianas).

Modernidad (siglos XVI-XX): Proceso histórico caracterizado por la paulatina disolución de los **estamentos** medievales, la gradual introducción de formas **capitalistas** de **producción** y **comercio**, la igualdad **jurídica**, el **auge** de la racionalidad liberada de la **religión** (**secularización**) y el avance de las ideas laicas, el poderío social anclado al **dinero** y la centralización del **poder** político con la formación del **Estado moderno**. La M comenzó a existir hace aproximadamente quinientos años en algunas regiones de Europa. Está asociada con **valores** tales como la capacidad de controlar racionalmente la realidad que rodea al hombre, llevar adelante una aventura, ejercer el poder y vivir sentimientos como la alegría y el crecimiento, los que fueron sistematizados con la **Ilustración**. La M pretende construir un mundo en el cual las personas pueden transformar su entorno y tener capacidad de decidir sobre él. Váttimo plantea tres ejes de la M: a) la **historia** es una: detrás de la aparente variedad de sucesos históricos hay un **sentido** unitario que los reúne, b) el criterio de superación: el desarrollo de la historia supone una serie de etapas sucesivas en un **progreso indefinido**, donde la última etapa supera a las anteriores y, c) la categoría de emancipación: la marcha de la historia se encamina a la recuperación de la verdadera identidad del hombre.

Modernización política (Gabriel Almond y Gabriel Verba): Situación de **desarrollo político** producido a partir de una **cultura política** participativa.

Monarquía: Según la clasificación de **Aristóteles**, **gobierno** de una persona. Es una de las tres formas puras de **gobierno**, junto con la **aristocracia** y la **República**. Su forma impura o deformada es la **tiranía** (que a diferencia de la M no es legítima). **Montesquieu** definió a la M como el gobierno de uno solo, con arreglo a **leyes** fijas y establecidas. Otras definiciones la caracterizan como el gobierno de uno, basado en el personalismo, la desigualdad, la irresponsabilidad **política**, con carácter hereditario y vitalicio. También se distingue del **despotismo**, caracterizado centralmente por la ilegalidad y la arbitrariedad. Con respecto a su diferencia con la República, la M implica una relación estrecha entre el **poder** público y el poder personal del **Rey**, mientras que en la República el poder no reside en la persona sino en la función o en el cargo. Históricamente, las M surgieron con procesos de urbanización y concentración del poder económico y territorial. Si en sus inicios las M fueron predominantemente teocráticas, tras su decadencia en el **feudalismo**, las surgidas en la **Modernidad** con los Estados nacionales tuvieron un componente mucho más **secular**. La **M absoluta** fue la forma predominante que siguió al debilitamiento del poder **feudal**, tras las **Crisis del Siglo XIV**. Mientras que el poder de las M feudales era impreciso –dado que el **Emperador** o el **Papa** ejercían control sobre los reyes– la nueva M absoluta sólo tenía encima el poder de Dios, sin someterse a imperios o a la **Iglesia**. Fue Jacques Bossuet (1627-1704) quien planteó la **teoría** del origen divino del poder real. A diferencia de los viejos reyes, que administraban justicia sobre la base de la **costumbre**, los monarcas absolutos ejercerán su **soberanía** por medio de la **ley**. Otro teórico absolutista, Jean **Bodin**, planteará que la soberanía del rey reside en su facultad para hacer leyes y obligar a su cumplimiento. Finalmente, otra diferencia importante entre el antiguo modelo de M y el moderno radicó en el hecho de que el poder real perdió sus atributos personales: ahora el rey personificaba al **Estado** ("**El Estado soy yo**", dirá **Luis XIV**), en rigor, al **Estado absoluto**, que para imponer su dominio concentró en sus manos el poder militar, el aparato burocrático, la diplomacia, la acuñación de **moneda** y el cobro de **impuestos**, entre otras atribuciones anteriormente fragmentadas en diversos poderes. A las M absolutas de esa primera etapa moderna, le sucedieron **M constitucionales** y a éstas **M parlamentarias**. También podemos distinguir M electivas, hereditarias o de **derecho** divino. En la actualidad, el poder político del Rey –donde éste existe– es más simbólico que efectivo.

Monarquía absoluta (Europa, siglos XVI-XVIII): Tipo de **monarquía** caracterizada por un **poder real** ilimitado, donde el **Rey** concentra el poder igualándose con la **ley** y subordinando a los **súbditos**. El monarca absoluto reivindica para sí también un **derecho** divino y una relación directa con Dios, centralizando la **religión** en sus manos. Casos históricos: si bien hay ejemplos de la **Antigüedad** (**Bizancio, Egipto, Caldea, Babilonia**), **Francia** (Felipe el Hermoso, **Luis XIV**), **Inglaterra** (los **Estuardo**) y **España** (los **Reyes Católicos**) entre los siglos XVI-XVIII son paradigmáticos. En estos dos últimos países, la MA se fue fortaleciendo con el debilitamiento progresivo de la **nobleza feudal**, el **Papa** y el **Emperador** romano germánico y la tendencia a la unificación **política** de los **territorios**, dispersos durante el **Medioevo** (ver **poliarquía**). Así, la MA moderna europea se vincula estrechamente con los **procesos** de formación de los **Estados nacionales** (ver **Estado moderno**). La MA fue siendo desplazada por la **monarquía constitucional**, especialmente tras la **Revolución Gloriosa** y la **Revolución Fran-**

cesa. (Ver también **absolutismo** y **Estado absolutista**).

Monarquía constitucional (13-9-1791 →): Forma de **monarquía** donde el **poder** y las atribuciones del **Rey** están limitadas y reglamentadas por una **Constitución**. Con antecedentes en la **Revolución Gloriosa** Inglesa (1688), donde se instauró un **Parlamento** junto con la **monarquía** (pero sin Constitución escrita), la MC en sentido estricto (con una Constitución plasmada en un papel) tuvo su origen con la **Revolución Francesa** de 1789 (la primera Constitución que comparte poder con el Rey es de 1791). Desde fines del siglo XIX y hasta la actualidad los monarcas constitucionales han pasado a tener un **poder** prácticamente simbólico o de representación de la imagen de la **Nación** (encargado de las relaciones exteriores), dejando el poder efectivo en manos del **Jefe de Gobierno**, como son los casos del **Reino Unido**, Suecia, **España** (primer antecedente, la **Constitución de Cádiz** en 1812), Bélgica y Dinamarca, entre otros.

Monarquía feudal (siglos X-XVIII): Forma de **monarquía** existente durante el **Medioevo feudal**. Se caracterizaba por un **poder real** limitado, otorgado por los señores **feudales**, quienes en cualquier momento podían quitarlo. Además, los súbditos lo eran de la **nobleza** y no del **Rey**. Los casos históricos más representativos son los de **Francia** durante los siglos X-XV, **Japón** entre los siglos XV-XVIII, la **dinastía Ming** en **China** durante los siglos XIV-XVII y Catalina II de **Rusia**.

Monarquía parlamentaria (1688 →): La MP tiene como antecedente más remoto a la **Revolución Gloriosa** inglesa de 1688, cuando el **poder** del monarca absoluto (**modelo**

político monista) perdió terreno y al lado del **Rey** apareció el **Parlamento** (modelo político dual). Aunque el monarca recibió del Parlamento una serie de límites, fue la llegada al poder de la **dinastía** de los Hannover -en el siglo XVIII- el momento decisivo en el pasaje de la **monarquía constitucional** (la primera Constitución no escrita es la británica en 1688, la primera Constitución escrita fue la francesa de 1791) a la MP, lo que significó una mayor pérdida de poder del monarca a manos del Parlamento: el **Primer Ministro** o **Jefe de Gobierno** y su gabinete se apropiaron de las atribuciones del monarca, que pasó a ser el **Jefe de Estado**, con atribuciones más simbólicas que efectivas. En **Francia**, la MP llegó en 1830, con **Luis Felipe**.

Monarquía patrimonial: Forma de **monarquía** en la que existe una relación de privilegio entre la familia monárquica y el **poder**. El reino es considerado propiedad privada de la familia **real**, siendo sus miembros consejeros del **Rey** y los sirvientes sus funcionarios. No existe en la MP diferencia entre el dominio **público** y el dominio **privado**. Ejemplos históricos han sido las monarquías de diversos pueblos germánicos (**godos, visigodos, francos,** etc), que siguieron a las primeras formas monárquicas, de tipo teocráticas.

Monarquía teocrática: La más antigua de las formas de la **monarquía**. El monarca tenía un origen divino, por lo que su **poder** estaba recortado por **mitos** y creencias religiosas diversas. Ejemplos históricos de MT: el antiguo Israel, Roma antes de la República, el antiguo **Egipto** y el **Imperio Azteca**.

Monocracia: Situación en la que el **poder** político está concentrado en una sola persona (por ejemplo, **monarquía absoluta** o **dictadura**). Opuesto: **policracia**.

Montesquieu, Charles-Louis de Secondat, barón de la Brède y de (1689-1755): Escritor y filósofo francés, defensor de la **división de poderes** (que observara en su visita a **Inglaterra**) y enemigo de la **monarquía absoluta** francesa (era partidario de una monarquía con contrapesos parlamentarios y judiciales; desechaba el **despotismo** pero también la **democracia**). Su obra más importante fue *El espíritu de las leyes* (1748), una de las bases ideológicas de la **Revolución Francesa**. Para M, cada **pueblo** elige las **leyes** que se adaptan a su **idiosincrasia**.

Moro, Tomás (1478-1535): Historiador y teólogo **humanista** inglés, en su obra más conocida –*Utopía* (1516)– concibió una **sociedad** ideal, sin conflictos ni violencias, como forma de criticar a la **Inglaterra** de su época, con su expansionismo y sus **guerras**. Pregonó la abolición de la **propiedad privada** y el **dinero**, la desaparición del **clero** y la **burocracia** y una sociedad **agraria** y artesanal. Consideró que la **virtud** consiste en vivir con placer de acuerdo con la naturaleza. Se opuso a la **Iglesia** fundada por **Enrique VIII**, por lo que fue decapitado.

Movimientismo: Movilización de **masas** que participan pasivamente en organizaciones jerárquicas e ideológicamente monolíticas, donde las decisiones son tomadas por ciertos **líderes** y donde el **programa** aparece como un elemento secundario frente al vínculo líder-masa. El **peronismo** es un caso típico de M.

Movimiento: Agrupamiento social y político caracterizado por la prioridad dada a la **movilización** de ciertos sectores sociales por la reivindicación de objetivos parciales o particulares, lo que deja en un segundo plano objetivos políticos o generales, tales como conquistar el **poder** político –propio de los **partidos políticos**-.

Mundialización: Según algunos autores como B. Coriat, etapa productiva que va desde el final de la **Segunda Guerra Mundial** hasta la década de 1970, caracterizada por el reemplazo de las tradicionales **empresas multinacionales** por nuevas compañías **transnacionales**. Los resultados más importantes de la M serían: a) la pérdida de autonomía y de capacidad de influencia de los agentes y políticas nacionales respecto de las decisiones de las empresas transnacionales, b) la imposibilidad o enorme dificultad para determinar la identidad nacional de las empresas, c) la alteración de la relación de fuerzas entre el **capital** y el **trabajo** a escala planetaria, en favor del primero, ya que la brecha entre la movilidad internacional del primero y el anclaje nacional del segundo se amplía y, d) el **Estado-Nación** ya no aparece como promotor de la internacionalización del **capital**, sino como un obstáculo para la M. La M sería posterior a la **internacionalización** y anterior a la **globalización**.

N

Nación: Conjunto de hombres que, viviendo dentro de un mismo **territorio**, están unidos por una misma **cultura e historia**, y algunos rasgos en común (**lengua, raza, religión**, etc, aunque no todos necesariamente), reconocen un mismo origen y persiguen un mismo destino. El **término** tiene un origen moderno, al menos en la acepción actual; anteriormente, una persona se reconocía como perteneciente a una religión o a una región, pero no a un país. Así, alguien podía auto-identificarse como cristiano o como borgoñés, pero no era probable que se definiera como francés. La suma de un territorio y una **población** unidos por lazos comunes conforma una N, lo cual significa que no se trata de un **concepto** político ni jurídico –a diferencia del concepto de **Estado**- sino sociológico, aunque la confluencia de ambos conceptos ha dado lugar históricamente al Estado nacional. Por otra parte, existen N sin Estado –los judíos antes de la formación del Estado de **Israel**, los armenios, los vascos-, N dispersas en distintos Estados –los gitanos, los árabes- y Estados plurinacionales –como la Federación Rusa-. La **Revolución Francesa** fue la que implantó la idea del **Estado-N** (ver) por encima de las divisiones sociales de **clases** y privilegios **feudales**. El **marxismo** ha cuestionado el uso ideológico de la N por parte de la **burguesía**, acusando a ésta de ocultar detrás del interés nacional común, su interés de clase. De allí que el marxismo se defina como internacionalista, es decir, en defensa del interés internacional de la **clase obrera**, por encima de las diferencias nacionales. De todas formas, la **política** de los **comunistas** en el **poder** tras la **Revolución Rusa** fue la de respetar las nacionalidades, reivindicando su derecho a la independencia, defendiendo además el carácter progresivo de las naciones oprimidas en su enfrentamiento con los **nacionalismos imperialistas**. (Ver también **nacionalismo**).

Nacionalidad: Conjunto de factores socioculturales que unen a aquellos que poseen un idéntico origen o al menos historias o tradiciones comunes. Jurídicamente, vínculo de un individuo con un **Estado**.

Nacionalismo (fines del siglo XVIII →): **Doctrina** que reivindica las características comunes de una **comunidad** nacional, por encima de las diferencias de **clase**. El N abarca una gama amplia y heterogénea de movimientos. Surgió con la **Revolución Francesa** y se consolidó en las primeras décadas del siglo XIX en Europa, como reacción frente al **expansionismo** de **Napoleón**, por lo general ligado al **liberalismo**, en oposición al concepto de un **imperio** universal y a las lealtades propias del **feudalismo**. El N impulsó las unificaciones de **Italia** –a través de la prédica de Giusseppe **Mazzini**- y **Alemania**, la formación de nuevos **Estados** luego de la desaparición de los imperios austro-húngaro, ruso y otomano, la independencia de Irlanda y el desmembramiento del Imperio español en **América**. También se expresó a través de movimientos independentistas en Cataluña, el País Vasco, Gales, Armenia y Albania, entre otros. En las décadas de 1920 y 1930 aparecieron N anti-liberales y autoritarios, con connotaciones racistas y *chauvinistas*, como el **fascismo** y el **nazismo** y desde la década de 1930 se desarrollaron los N **populistas** y/o anti-colonialistas y antiimperialistas en América Latina, Asia y África. El **marxismo** ha identificado al N con el interés nacional de la **burguesía** y –en el caso de las naciones oprimidas- ha planteado la necesidad de incorporar la tarea nacional a la estrategia **socialista**, dada la incapacidad burguesa para enfrentar en forma consecuente al **imperialismo**. Desde la década de 1980 el rol del N ha sido cuestionado desde la perspectiva de la **globalización**, aunque –por el contrario- algunos enfoques sostienen que la exacerbación de algunos movimientos nacionalistas se produce –precisamente- como reacción a esa tendencia globalizadora.

Nazismo (Alemania, 1919 →): Doctrina política **ultraderechista** del **Partido Obrero Nacionalsocialista** Alemán (NSDAP), creado y dirigido por Adolf **Hitler**, en el marco de la humillación alemana tras su derrota en la **Primera Guerra Mundial** y la imposición de severas sanciones por parte de las potencias vencedoras en el **Tratado de Versalles**. El N planteaba la lucha contra el **marxismo**, el **judaísmo** y todo movimiento o ideología que representara –según su óptica- a las razas y **clases** inferiores. Accedió al **poder** en 1933 –en un contexto de terrible **crisis** económica y seis millones de desocupados– e impuso una **dictadura** feroz –que asesinó a millones de personas en **campos de concentración**– apoyándose en sectores de la **clase media** desencantados, **campesinos**, grupos **obreros** atraídos por un supuesto "**socialismo nacional**", pero representando en lo fundamental a los intereses del gran **capital** industrial (con la empresa Krupp como **símbolo**). El N se planteó como objetivos centrales barrer con el **comunismo**, "purificar" la **raza** y expandir el poderío del **imperialismo** alemán. Una fuerte intervención del **Estado** en la **economía** y la **producción** armamentista ("**cañones en lugar de mantequilla**", diría el Ministro H. Goering) lograron reducir el **desempleo**. Este movimiento desarrolló una agresiva política expansionista, gobernando hasta la derrota alemana en la **Segunda Guerra Mundial**, en 1945. A partir de allí, el N ha entrado en decadencia, aunque diversos movimientos minoritarios siguen reivindicando sus planteos.

Neoconservadorismo (1945 →): Reformulación del **conservadorismo** surgida en la posguerra, en el marco de la **Guerra Fría**. El concepto se aplica particularmente a los gobiernos de Margaret **Thatcher** en **Inglaterra** y Ronald **Reagan** en **EE.UU.**, de fines de la década de 1970 y comienzos de la de 1980. Sus postulados más importante sostienen: la reducción de los **gastos** sociales del **Estado** (contra el **Estado de Bienestar**), la **privatización** de las **empresas** estatales, el combate al **déficit fiscal** y a la **inflación**, la reducción de **impuestos** a las **ganancias capitalistas**, el ataque a las conquistas sociales de los **trabajadores**, la **flexibilización laboral**, la reducción de **salarios**, el aumento de los gastos militares, etc. En el plano más estrictamente económico, el N es también denominado **neoliberalismo**.

Neocorporativismo: Entendimiento triangular o **pacto social** entre **sindicatos**, **empresariado** y **Estado**, por el cual los primeros aceptan la **propiedad privada capitalista** y los segundos acceden a otorgar concesiones a los **trabajadores**. Junto con ese acuerdo, el N se caracteriza por un **régimen político democrático burgués**, lo que lo distingue del **corporativismo** de corte **autoritario**. Tuvo su período de auge en la Europa de la **segunda posguerra**. Ejemplos: **Países Bajos**, Suecia, Suiza, Noruega y Dinamarca. Opuesto: **corporativismo estatal**.

Neoliberalismo (fines de la década de 1970): Corriente de economistas que surgió como reformulación del **liberalismo** clásico y su *aggiornamiento* a la era de la **globalización**. Con la **Crisis del Petróleo**, el N hizo una seria crítica del **keynesianismo**, al que veía como antesala del **comunismo** (el N plantea que la libertad es amenazada por la extensión de la planificación económica). El N accedió al **poder** en **Inglaterra** (Margaret **Thatcher**) y **Estados Unidos** (Ronald **Reagan**). Para el N, el **mercado** -en lugar del **Estado**- es el que debe asignar los recursos a la **sociedad** a través del libre juego de la **oferta** y la **demanda**, incluyendo la determinación de los **salarios** y los niveles de **desempleo**. El mercado determinaría qué sectores sociales obtienen más medios necesarios para cubrir sus demandas. Los **individuos** más competitivos serían los que obtengan la mayor cantidad de **bienes** y **servicios**. El N postuló la necesidad de incrementar la **productividad** de la **economía** sobre la base de una mayor **inversión** en **investigación** y **desarrollo**, con rebajas de **impuestos** al **capital** y de las **tasas de interés**, **política monetaria** moderada, **privatizaciones** y énfasis en la calidad de los **productos**, en desmedro de su masividad y estandarización. La difusión mundial en la década de 1990 de las políticas económicas neoliberales –también llamadas **neoconservadoras**- ha agravado en forma dramática los niveles de **pobreza** y desempleo. Los críticos de esta **teoría** sostienen que en las sociedades **capitalistas** actuales no existe la **libre competencia**. Los keynesianos y **socialdemócratas** plantean que sólo la regulación estatal del **mercado** puede paliar las desigualdades. El **marxismo**, por su parte, sostiene que no hay igualdad posible bajo el régimen social **capitalista**. Con un primer antecedente en Walter Lippman (*La ciudad libre*, 1936), se considera a Friedrich **Von Hayek (Escuela de Viena)** y a Milton **Friedman (Escuela de Chicago)** como a dos de los autores fundamentales del N.

Nepotismo: **Gobierno** en el que los principales cargos son distribuidos entre los familiares del gobernante.

O

Objetivación del carisma (Max Weber): Pasaje de las cualidades carismáticas desde el **líder carismático** a las **instituciones**. Implica una apropiación del **cuadro administrativo**, de los poderes de mando y de las probabilidades lucrativas, además de establecer **normas** de **educación** o de prueba para el reclutamiento.

Oficialismo: Partido político o alianza de partidos que están en el **gobierno**. Opuesto: **oposición**.

Ombudsman: (Palabra escandinava de origen alemán que significa "representante" o "mediador"). Funcionario **público** autónomo, apolítico y apartidario encargado de actuar en defensa de los intereses del conjunto de la **comunidad** y para controlar y evitar arbitrariedades, elegido por el **Parlamento** para recibir denuncias ciudadanas de incumplimiento de las **leyes** o de abusos cometidos por la **administración pública**. Sus decisiones no tienen peso obligatorio; sólo operan como una presión de tipo **moral**. Surgió en 1809 en Suecia. También se le denomina **"defensor del pueblo"**.

Oposición: Conjunto de los **partidos políticos** que no están en el **gobierno**. Opuesto: **oficialismo**.

Outputs **(teoría de sistemas):** Según D. Easton, **salidas** o **productos** del **sistema político** resultantes de la conversión en el mismo de determinados *inputs* o **insumos**. Estos productos pueden provocar cambios en el medio externo afectando a su vez al sistema político –fenómeno que se denomina **retroalimentación**-.

P

Pacto de asociación (contractualismo): El *pactum societatis* es un **contrato** entre los **individuos**, que se ponen de acuerdo para firmar el otro pacto: el **pacto de sujeción**.

Pacto de sujeción (contractualismo): El *pactum subjectionis* es el pacto por el cual los **individuos** pasan del **estado de naturaleza** a la **sociedad civil**, cediendo todo su poder a un **soberano**.

Pacto social: Acuerdo o concertación entre los **trabajadores** y los **empresarios** sobre la distribución del **ingreso**, las condiciones laborales y otros temas, bajo los auspicios del **Estado**. Es habitual en **gobiernos** de tendencia **corporativista** o **neocorporativista**.

Panóptico: Modelo de cárcel creado por Jeremy **Bentham**, pensador del siglo XVII, en el que Michel **Foucault** descubrió el modelo de la **sociedad capitalista** moderna, ya que las relaciones de **poder** y **saber** que rigen en esa cárcel rigen en toda la sociedad, a través de las **instituciones** de vigilancia y corrección. La forma del P (que quiere decir "ojo que lo ve todo") es como un anillo, donde se ubican las celdas, mientras que en el centro hay una torre desde la que se ve todo el interior de las celdas, las que tienen vidrios tanto adelante como atrás -por lo que la luz las atraviesa- permitiendo una vigilancia plena del loco, el enfermo, el condenado, el obrero, el escolar, etc, que a su vez no puede ver al que lo vigila por la misma **estructura** de la construcción. En lo que Foucault llamó una "arquitectura de la vigilancia", cada uno de estos **sujetos** está solo como lo está el preso en la celda, perfectamente individualizado y visible (pensemos en ejemplos de hoy en día: somos **individuos** fácilmente ubicables: el **Estado** dispone de servicios de **inteligencia**, de archivos de identidad, prontuarios, historias de vida, etc. Pensemos en formas de censura o represión, como "tomar distancia" en el colegio, como no hablar en la **fábrica** mientras se produce, como el chaleco de fuerza, como la creación de **valores y discursos** a través de los **medios**, como el pecado religioso, etc). Foucault sostiene que en la **dominación** moderna ya no se trata de ocultar en la oscuridad -porque la oscuridad en el fondo protege- sino de hacer visible para controlar, para vigilar y para lograr la auto-vigilancia y la auto-disciplina. El P sirve a Foucault para su **teoría** del poder: el P es una máquina de crear y sostener relaciones de poder, independientemente del que lo ejerce, y se centra en tres ejes: vigilancia, control y corrección. El poder se automatiza y desindividualiza; ya no está concentrado en el Estado o en la **clase dominante**.

Panoptismo (Michel Foucault): Nueva forma de **poder** que se consolida en **Occidente** en la etapa más avanzada del **sistema capitalista**. La **sociedad panóptica** es una identidad entre prisión y **sociedad**. El poder panóptico corresponde a una sociedad que -con el fin de formar y transformar a los **individuos** en función de la medida que constituye "lo **normal**"- debe someterlos a examen, vigilancia, control y corrección en todos y cada uno de los ámbitos o espacios: el hospital, la **fábrica**, la escuela, la oficina, el manicomio, la prisión, etc.

Paramilitar: Organización armada no estatal –pero organizada desde el **Estado**– que funciona como fuerza de choque o **ejército** irregular. De **extrema derecha**, tiene el ob-

jetivo de reprimir a las organizaciones populares, **obreras** y **socialistas**.

Pareto, Vilfredo (1843-1923): Físico, matemático y economista italiano, nacido en **Francia**. Reivindicó a las **élites** en oposición a la **democracia** y el **socialismo**. Entre sus obras principales encontramos a: *Manual de Economía Política* (1906) y *Tratado de Sociología general* (1916).

Parlamentarismo (1688 →): Régimen político en el que el **Parlamento** ejerce el **Poder Legislativo** y controla el desempeño del **Poder Ejecutivo**, el cual tiene dos cabezas: **Jefe de Gobierno** o **Primer Ministro** –elegido por el Parlamento, en general el **líder** del **partido** mayoritario– y el **Jefe de Estado** –Rey o Presidente, según sea una **monarquía** o una **República**, con pocas atribuciones y no elegido por votación popular–. Características del P: 1- los miembros del **gobierno** o **gabinete** son al mismo tiempo miembros del Parlamento, 2- el gobierno se forma con los jefes del partido mayoritario o los partidos unidos en **coalición**, una diferencia fundamental con el presidencialismo, donde es habitual que el ejecutivo pertenezca a un partido y el legislativo esté dominado por un partido opositor, 3- el gobierno tiene un Primer ministro o **Presidente del Consejo** a su cabeza, que es el líder sobre sus colegas ministeriales, 4- el gobierno se mantiene si la mayoría del Parlamento lo apoya; caso contrario, debe irse (también debe irse si el partido oficial pierde una **elección** y queda en minoría), 5- el gobierno ejecuta, pero tiene un control permanente del Parlamento, 6- existe responsabilidad política de los **Ministros** ante el Parlamento; éste exige responsabilidad política al gobierno y responsabilidad colectiva al gabinete, 7- a diferencia del **presidencialismo**, en el P la **división de poderes** es mucho más débil. Para M. Duverger, la responsabilidad política del gabinete frente al Parlamento es el elemento esencial del P. El **voto de censura** de la mayoría del Parlamento implica que el gobierno debe irse, lo mismo que la negativa a conceder un **voto de confianza** pedido por el gobierno. Si el gobierno renuncia, se disuelve el Parlamento y se convoca a nuevas **elecciones**. Sin embargo y a la inversa, el gobierno puede responder a la **moción de censura** disolviendo el Parlamento y convocando a elecciones para que sea el **pueblo** el que defina la situación. Si gana el **oficialismo**, el gobierno podrá quedarse, pero si se impone la **oposición**, deberá irse. Esto implica que ni los mandatos legislativos ni los ejecutivos son a plazo fijo. Históricamente, el P nació con la **Revolución Gloriosa** inglesa de finales del siglo XVII, cuando el **poder** del monarca absoluto (**modelo político monista**) perdió terreno y al lado del Rey apareció el Parlamento (**modelo político dual**). Así, el monarca gobernaría a través de un Primer Ministro y un gabinete, con facultades para disolver al Parlamento. Pero éste podría aprobar o rechazar las decisiones del Rey y aprobar o no el nombramiento del Primer Ministro. Se produjo entonces un contrapeso entre monarca y Parlamento. La llegada al poder de la dinastía de los Hannover en **Inglaterra** –en el siglo XVIII–significó la consolidación de la **monarquía parlamentaria** (ver), lo que implicó una pérdida de poder del monarca a manos del Parlamento: el Primer Ministro (que pasó a ser Jefe de Gobierno, el gobierna efectivo) y el gabinete se apropiaron de las atribuciones del monarca (que pasó a ser Jefe de Estado, con atribuciones simbólicas, reinando pero no gobernando), pasando a depender más del Parlamento, del cual son parte y frente al que son responsables. Como ejemplo del P clásico, Loewenstein menciona la **III y IV República Francesa**. Por otra parte, la **República de Weimar** en **Alemania** introdujo la **elección** popular del Presidente.

Parlamentarismo: Política estratégica de los **partidos** socialistas **reformistas** o socialdemócratas, especialmente entre fines del siglo XIX y mediados del siglo XX. El P plantea que la lucha por mejorar las condiciones de vida de la **clase obrera** y el objetivo del **socialismo** deben conquistarse gradualmente por medio de la lucha parlamentaria, renunciando a una **revolución social** violenta. El P fue denunciado por el **marxismo** como una desviación burguesa del socialismo (ver **bolchevismo** y **socialdemocracia**).

Parlamentarismo híbrido: Ver **semipresidencialismo**.

Parlamento: (Del latín *parabolare* y del francés *parlament*, "hablar"). Órgano político representativo con funciones legislativas cuyos integrantes son elegidos habitualmente por votación popular (con excepciones, como la **Cámara de los Lores** inglesa). El P puede ser **unicameral** o **bicameral**. También denominado **Congreso**, **Cortes (España)**, **dieta (Sacro Imperio Romano)** o **Estados Generales (Francia)**. Históricamente, el P surgió en la **Edad Media** como una **asamblea** de **estamentos** que autorizaba gastos de **guerra** al Rey a cambio de ciertos privilegios. El P británico tiene sus antecedentes en la **Carta Magna**, cuando los estamentos obtuvieron la atribución de aprobar **impuestos** (1215), la convocatoria de dos caballeros por condado (1265) y el "P **modelo**" convocado por Eduardo I (1295). La ruptura del **Estado** con la **Iglesia** durante el reinado de **Enrique VIII** facilitó el desarrollo del P, siendo la **Revolución Gloriosa** de 1688 y el *Bill of Rights* del año siguiente sus momentos cumbre. En la primera mitad del siglo XVIII, Jorge I cedió numerosas facultades al **Primer Ministro** y al **gabinete**. (Ver también **parlamentarismo** y **monarquía parlamentaria**).

Participación política: Parte de la **Ciencia Política** que estudia los actos y actitudes dirigidas a influir, directa o indirectamente, en las decisiones de un **sistema político**. Según Pasquino, hay tres formas de PP: las legalmente reconocidas, las no reconocidas pero aceptadas y las no reconocidas que amenazan al orden vigente.

Partido antisistema (Giovanni Sartori): Partido que va más allá de la lucha por el **gobierno**, buscando cambiar el **régimen político**. Según **Sartori**, son PA los partidos de **extrema derecha** y de **extrema izquierda**.

Partido atrapatodo: Ver *catch all party*.

Partido burocrático de masas: Ver **partido de masas**.

Partido confesional: Partido político que adhiere a un credo determinado. Por ejemplo, el **Partido Demócrata Cristiano**. Opuesto: **partido laico**.

Partido de aparato (fines del siglo XIX-siglo XX): Se llama así a los **partidos de masas** surgidos con la **industrialización** y el crecimiento organizativo de la **clase obrera**. El PA se caracteriza por tener una organización estable y de importantes dimensiones, con una amplia red cultural, social y económica (**sindicatos**, prensa, imprentas, **cooperativas**, sociedades de fomento, etc) difundida en la **sociedad civil**. El PA dispone de **funcionarios** retribuidos, base de

masas y un **programa** general claramente establecido. Además, este tipo de partido no se limita a la actuación electoral y parlamentaria (donde aplica un **mandato imperativo**). Ejemplos: el **Partido Socialdemócrata** alemán (surgido en 1875), el **laborismo** británico (1900) y el Partido **Socialista** francés (1905). Llamado también **partido organizativo de masas, partido burocrático de masas** o simplemente partido de masas.

Partido de comité: Ver **partido de notables**.

Partido de cuadros: Ver **partido de notables**.

Partido de integración: Ver **partido de masas**.

Partido de masas (fines del siglo XIX-siglo XX): **Partido político** moderno, surgido con la irrupción de las **masas** populares en el mundo de la **política** y la consiguiente ampliación del **sufragio**. Según Panebianco, se caracteriza por: a) la importancia fundamental de la **burocracia** partidaria, b) ser un partido de afiliación, con fuertes lazos organizativos con una relación vertical líderes-electorado, c) el predominio de la dirección del partido, d) el financiamiento por los afiliados y actividades paralelas y, e) la importancia de la **ideología**. El PM, **partido de aparato** o **partido burocrático de masas** se opone a sus antecesores, el **partido de cuadros** o **partido de notables** y a su sucesor, el *catch all party*.

Partido de notables (siglo XIX): Partido **político** de una minoría. Los PN surgieron en Europa y **EE.UU.** con la toma del **poder** por la **burguesía** y demás **grupos** sociales con "educación y bienes". Dependían de ciertas personas o **familias** y tenían lazos coyunturales, desarrollando su accionar fundamentalmente en el **Parlamento**. Al no existir disciplina partidaria ni una **ideología** demasiado firme, sus representantes parlamentarios tenían toda la libertad para decidir (**mandato libre**). Las opiniones de los notables, "*honoratiores*" o "*gentlemen*" se intercambiaban en los **clubes** políticos locales u otro tipo de asociaciones ocasionales, donde los asambleístas expresaban sus intereses del grupo en nombre del bien común de la **Nación**. Hasta allí, no existían partidos como asociaciones permanentes, con una organización inter-local. El único vinculo de los grupos locales son los parlamentarios. Estos partidos atraían gente a través de la **cooptación, prebendas** o beneficios personales, sin importar las diferencias ideológicas. Ejemplo de estos partidos eran los *tories* y los *whigs* en Inglaterra. Propio de la época **liberal** y del **sufragio censitario**, desde fines del siglo XIX, el PN evolucionó hasta convertirse en **partido de masas**.

Partido electoral: Ver *catch all party*.

Partido electoral de masas: Ver *catch all party*.

Partido escoba: Ver *catch all party*.

Partido hegemónico (Giovanni Sartori): Sistema de partidos con un **partido político** que no tiene rivales en la lucha del **poder**, aún cuando formalmente existen otros partidos. El caso del **PRI** mexicano es un ejemplo paradigmático de PH.

Partido laico: **Partido político** que no adhiere a ningún credo en particular. Opuesto: **partido confesional**.

Partido organizativo de masas: Ver **partido de aparato**.

Partido político: Según la definición más común de la **Ciencia Política** el PP es una **asociación** de **individuos** de carácter permanente, que agrupa a una parte de la ciudadanía unida por un conjunto de ideas **políticas** o intereses comunes, con la finalidad de conquistar el **poder** para aplicar esas ideas o satisfacer esos intereses, o de controlar el ejercicio del poder para que la **acción** de los gobernantes se aproxime lo máximo posible a ellos. Para **Weber**, los PP son asociaciones voluntarias cuyo fin es la conquista o conservación del poder. Poseen tres características: a) el reclutamiento formalmente libre, b) con el fin de dar poder a sus dirigentes y, c) para obtener beneficios ideales o materiales. **Sartori** define al PP como "cualquier **grupo** político identificado con una etiqueta oficial que se presenta a las **elecciones**, y puede sacar en elecciones (libres o no), candidatos a cargos públicos." Sostiene que los partidos no son **facciones**, que cada partido es parte de un todo y que son conductos de expresión de las exigencias del **pueblo**. Si bien hay antecedentes antiguos –como las facciones entre los senadores romanos- autores como La Palombara y Weiner describieron su surgimiento en relación con el proceso de **modernización** de las **sociedades**. Bolingbroke los diferenció de las facciones, prefiriendo a aquellos por estar más cerca de representar un interés nacional que éstas, ligadas a intereses personales. Pero incluso aún en la **Revolución Francesa** los PP (en un sentido moderno, los **girondinos** y los **jacobinos** lo eran) eran vistos –por ejemplo, por J. J. **Rousseau** o Condorcet- como un factor de división y enfrentamiento, nocivos para la unidad nacional. Es decir que se identificaba a los PP con facciones. En esa época, fue E. **Burke** el primero en verlos como posibles representantes de un interés nacional. Históricamente, el nacimiento formal de los PP modernos se da con el *Reform Act* (reforma electoral inglesa en 1832), bajo el formato de **partidos de notables**, que se hicieron **partidos de masas** en el siglo XIX con la irrupción en el mundo de la política de la **clase obrera**. En el siglo XX se fue consolidando el **partido electoral** o *catch all party*. Desde un punto de vista **marxista**, **Gramsci** impugna las visiones anteriores –que identifican a los partidos con un interés general- y sostiene que cada PP sostiene un **programa** que expresa el interés de una **clase social**, incompatible con el interés de la clase antagónica. Para Gramsci, el PP es un intelectual colectivo, el **"príncipe moderno"**.

Partido predominante (Giovanni Sartori): **Sistema de partidos** con un **partido político** que pesa más que todos los demás juntos, de modo que no se produce alternación en el **gobierno** -aunque ésta no es desechada y es posible disentir abierta y efectivamente-. Mientras que en el sistema de **partido hegemónico** no hay competencia por el **poder** y se permite la existencia de otros partidos -pero sólo como partidos satélites- en el sistema de PP sí existe competencia.

Partido profesional electoral: Ver *catch all party*.

Partido único: **Régimen político** donde existe un único **partido político** legal. **Sartori** considera que el PU niega la existencia de un **sistema de partidos**, que requiere de, al menos, la existencia de dos de ellos. Ejemplos de PU: **fascismo** italiano, **nazismo** alemán, **stalinismo** soviético, la **China** de **Mao**, el **castrismo**, etc.

Partidocracia: **Régimen político** donde quienes gobiernan son los **partidos políticos**, como representantes de sus votantes particulares y no del **pueblo** en su conjunto. Es una forma de **mandato imperativo**. El término P es utilizado por los grupos **nacionalistas de derecha** para impugnar la representación a través de los partidos políticos y reivindicar la **representación funcional**.

Plataforma electoral: Lista de medidas que un **partido político** declara implementar en caso de obtener cargos ejecutivos o legislativos. No debe confundirse a la PE con el **programa**: éste tiene un carácter general, ya que va más allá de la coyuntura y se dirige hacia la defensa de los intereses sociales de tipo estructural que cada partido representa y/o pretende representar.

Platón (428-347 a.C.): Filósofo griego, discípulo de **Sócrates**, de quien tomó el **método** del diálogo o **dialéctica**. Escribió numerosas obras, entre las que se destaca *La República*, en la que propone un **modelo** aristocrático, según el cual la **sociedad** debía ser gobernada por los que más saben: los filósofos. Distinguió tres **clases sociales**, cada una con una características: 1- los gobernantes o magistrados, la prudencia, 2- los guerreros, la fortaleza y, 3- los labradores y **artesanos**, la templanza. La justicia se da cuando cada uno cumple con la **función** social que le tocó. Entre sus obras principales encontramos a: *La República*, *Fedón*, *Parménides* y *Sofista*.

Plebiscitario: Alude en general al vínculo directo de un **líder** con una **masa** que lo sigue incondicionalmente.

Plebiscito: Consulta que un **gobierno** hace al **pueblo** para la aprobación o rechazo de una medida **política** tomada o para ratificar o no la confianza en un gobernante. El P es una práctica habitual de ciertos **líderes** políticos, siendo frecuente en el caso de las **dictaduras carismáticas**. El *referéndum*, en cambio, implica la opinión popular acerca de **normas** sancionadas.

Pluralismo: Coexistencia de **grupos sociales** y **partidos políticos** de tendencias diversas. En el P los grupos no están regulados por el **Estado** ni tienen un monopolio de la representación, lo que suponen sus defensores garantiza un equilibrio en beneficio del **bien común**. El P es la base de la **democracia liberal** y de la **teoría pluralista de la democracia**. Algunos autores contraponen el P al **corporativismo**.

Pluralismo atomizado (Giovanni Sartori): Sistema de partidos con seis o siete **partidos políticos** relevantes, distanciados fuertemente en lo ideológico. Se caracteriza por: a) la presencia de **partidos antisistema** -comunistas o fascistas-, que cuestionan la **legitimidad** del **régimen**, b) la distancia ideológica es muy grande, c) existen oposiciones bilaterales, o sea que encontramos dos oposiciones que son mutuamente excluyentes: no pueden unir sus fuerzas, estando más cerca del partido que está en el **gobierno** que entre ellos -luchan entre sí aún más que contra el gobierno-, d) tienen el **centro** como base: las dos oposiciones contrarias están divididas por la existencia de partidos localizados en el centro. El esquema no es **izquierda-derecha**, sino izquierda-centro-derecha como mínimo, e) es un **sistema centrífugo**: el **consenso** es bajo, las divisiones son hondas, la legitimidad del sistema político es ampliamente cuestionada, f) el centro está destinado a gobernar siempre pero en débil situación, porque tiende a perder **votos** por derecha o por izquierda, g) la **ideología** está presente en la misma **cultura**, h) las oposiciones son irresponsables, ya que no están destinadas a gobernar dentro del sistema, i) las únicas coaliciones posibles son centro-derecha o centro-izquierda -**oposición** semi-responsable-, j) se produce una política de sobrepuja o excesivas promesas al electorado. Se trata de un sistema multipolar, de competencia centrífuga y de **política** no **moderada** o extremista. Difícilmente es estable. Ejemplos: **República de Weimar** (Alemania, 1919), **Chile, IV República** francesa, **Italia**.

Pluralismo liberal: Forma de funcionamiento del **sistema político** –particularmente en los **EE.UU.**- en el que hay una intensa consulta entre el **gobierno** y los principales **grupos de interés** sin que por ello se hagan acuerdos u obligaciones vinculantes.

Pluralismo moderado (Giovanni Sartori): Sistema de partidos de tres a cinco **partidos políticos**, pero que asume el formato del **bipartidismo** a través de **coaliciones**. En el PM, ningún partido puede gobernar solo, salvo que gobierne en minoría. No hay "gobierno alternativo", como en el bipartidismo, sino "coalición alternativa": su **estructura** es bipolar pero -en vez de dos partidos- son dos coaliciones (en realidad hay de tres a cinco partidos importantes, pero la opción es unilateral -todos en una misma ala, ya sea a la **derecha** o a la **izquierda**-). La **política** es centrípeta -es decir, tendiente a mantener el sistema- y hay ausencia de **partidos antisistema** relevantes (**comunistas o fascistas**). Todos los partidos se orientan a gobernar, o sea que están disponibles para coaliciones. Si el número de partidos crece, y sin embargo todos los partidos pertenecen todavía al "mismo mundo", -o sea, aceptan la **legitimidad** del **sistema político**

y se atienen a sus reglas- la fragmentación del sistema no puede atribuirse a la incompatibilidad ideológica. Es una fragmentación no ideológica, que continua permitiendo la mecánica bipolar. Ejemplos: Bélgica, Suiza y Holanda.

Poder: Weber lo define como la probabilidad de imponer la voluntad propia en una **relación social** contra cualquier tipo de resistencia por parte de los otros participantes de esa relación (ver también **dominación**). Weber divide al P en P económico, político e ideológico. También vincula al P con los **partidos políticos. Parsons** sostiene que el P se basa en el **consenso** y en la **legitimidad** y no en la **coacción**, mientras que otras visiones distinguen el momento del P como el aspecto coercitivo y la **influencia** como el elemento de **consenso. Foucault** plantea otra visión del P, con las siguientes características: a) el P no es la propiedad de una **clase** sino una estrategia: el P no se tiene; el poder circula, b) no se identifica con una **institución** ni con un aparato ni tiene un único lugar de origen, sino que está en todos lados (**microfísica del poder**, criterio de espacialización), c) no es una esencia sino una relación, d) no actúa por la violencia o la **ideología**, sino por la vigilancia, el control, la **disciplina**, la repetición rutinaria y la normalización. Así, para Foucault el P se sostiene, no tanto por la fuerza que niega sino porque produce cosas, induce placer, forma **saber**, produce **discursos**. Para Foucault, el P no es algo exclusivamente negativo que reprime, prohíbe, oculta o disimula: el P produce realidad, produce una **verdad** y produce **individuos** disciplinados, adaptados a esa verdad, en una red o multiplicidad de relaciones. Para el **marxismo**, el P se basa en la coacción ejercida por la **clase dominante** en las **relaciones de produc-**

ción sobre la **clase dominada**. Por tanto, la visión marxista objeta la idea foucaultiana de que el P esté "disperso" y sostiene que aquella **clase social** que detente la propiedad de los medios de producción es la que tiene el P que es centralmente económico y que se expresa luego en el P político (el **Estado**) e ideológico.

Poder absoluto: Ver **absolutismo.**

Poder arbitrario: Poder no legitimado en su origen. Opuesto: **poder legal.**

Poder capilar (Michel Foucault): Presencia de las relaciones de **poder** en cada uno de los espacios sociales, por pequeños que sean. Así, existen **instituciones de secuestro** (asilo, escuela, oficina, cárcel, hospital); que disciplinan, controlan y vigilan a los **sujetos,** de modo que éstos no pueden escapar al poder, el que está presente en todos lados, todo el tiempo.

Poder constituyente: Facultad de que goza un **pueblo** de crear y reformar las **normas** organizativas del **Estado.** De este modo, el **Derecho Constitucional** plantea que la **Constitución** de un Estado depende de la voluntad soberana del pueblo, o **soberanía popular** (ver **voluntad general** y **asamblea constituyente**).

Poder de hecho: Poder no regulado por **normas.** Opuesto: **poder legítimo.**

Poder de policía: Potestad constitucional otorgada al órgano legislativo, a fin de que éste reglamente el ejercicio de los derechos de los habitantes.

Poder de veto: Ver **veto.**

Poder despótico: Ver **despotismo.**

Poder disciplinario (Michel Foucault): Poder que -en lugar de prohibir, sacar y retirar- tiene como **función** "enderezar conductas". El PD se basa en un juego de vigilancia, donde cada mirada es un engranaje de la maquinaria del poder. No encadena para reducir o para impedir, sino que busca utilizar aquello que somete: separa, analiza, diferencia, identifica, individualiza, condiciona, domina. La disciplina "fabrica" **individuos** a los que usa y modela, calculando sus reacciones. Se trata de un **micro-poder** que no es grandilocuente como el poder del **Estado**, que es modesto pero permanente y que termina invadiendo a esas formas "macro" del poder. El PD funciona en las cárceles, en las **fábricas**, en las escuelas, en la **familia**, en los hospitales, etc. Todo este poder es múltiple, automático y anónimo: no pertenece a nadie en especial, pero nadie puede escapar a él. El PD está en todas partes y controla aún a los que controlan. Es un poder discreto, que funciona permanentemente y en silencio. Su **modelo** ideal es el **panóptico**.

Poder dual: Ver **doble poder**.

Poder Ejecutivo: Uno de los tres **poderes** del **Estado** constitucional, el encargado de ejecutar las decisiones. En el **presidencialismo** el PE es unipesonal, mientras que en el **parlamentarismo** existe un ejecutivo dual: **Jefe de Estado** y **Jefe de gobierno**. En nuestro ordenamiento jurídico, el PE es un órgano de **gobierno** unipersonal (artículo 87 de la **Constitución**) ejercido por el **Presidente** de la **República**, que es jefe de la **Nación** y del gobierno y responsable de la administración. Sanciona, promulga y ejecuta las **leyes** expedidas por el **Parlamento**, está encargado de las relaciones exteriores y ejerce la jefatura de las **FF.AA.** A través del **veto**, el **indulto** y la **conmutación de penas**, ejerce un control sobre el **Poder Legislativo** y el **Poder Judicial**.

Poder invisible (Norberto Bobbio): Gobierno de una minoría oculta y poderosa que ejerce un máximo control de los súbditos, aún cuando formalmente exista un **régimen político democrático**. Llamado también **gobierno invisible**.

Poder Judicial: Órgano de **gobierno** cuya principal función es administrar justicia o juzgar en el **territorio** de un **Estado** soberano y que reconoce la igualdad ante la **ley** de los **ciudadanos** (y que según el **marxismo** encubre la desigualdad real de las **clases**). Al menos en las formas, el PJ es independiente del **Poder Ejecutivo** y del **Poder Legislativo** y ejerce un control sobre ellos a través del **control de constitucionalidad**.

Poder Legislativo: Uno de los tres **poderes** del **Estado** constitucional, el encargado de legislar. Según el artículo 44 de la **Constitución Nacional**, está formado por la **Cámara de Senadores** –que representa a las provincias- y la **Cámara de Diputados** –que representa a los **ciudadanos**-. Sus funciones y atribuciones varían bastante según se trate de un **régimen político presidencialista** o **parlamentarista** (en este último caso, del **Parlamento** surge el **Primer Ministro**).

Poder legítimo: **Poder** regulado por **normas**. Opuesto: **poder de hecho**.

Poder pastoral (Michel Foucault): Forma del **poder disciplinario** que gobierna la vida privada de las personas. Por el PP, el "pastor" (un médico, un cura, un carcelero, un maestro, un **capitalista**, etc) se ocupa de cada "oveja" (un paciente, un creyente, un preso, un alumno, un **obrero**, etc) durante toda su vida explorando qué piensan y sienten las mismas, hasta hacerles revelar sus secretos más íntimos. El **poder** que vuelve al pastor apto para conducir conciencias es un poder productor de **saber**. El PP –originado en el poder **eclesiástico**, pero extendido a todos los espacios sociales- no es un poder institucional sino de un poder que llega hasta los puntos más alejados de la decisión **política**. No funciona sólo a través de los **aparatos de Estado** sino fuera, al lado y por debajo de ellos. Es un **poder panóptico** normalizador, un **micro-poder**, un **poder capilar**. Las relaciones que lo forman atraviesan todo el cuerpo social hasta encarnarse en la **vida cotidiana** y en los cuerpos de los **individuos.**

Poder político (Max Weber): Poder del Estado, que detenta en forma exclusiva y **legítima** los medios de **coacción** física.

Poderes: Ver **división de poderes.**

Polarización: Situación en que en una **elección** dos **partidos políticos** reúnen más del 80 o 90 % de los votos, mientras que los demás partidos suman entre todos un 20 o un 10 %. También, dícese de cualquier situación socio-política en la que se enfrentan dos bandos irreconciliables, como sucede en el caso de una **guerra civil.**

Poliarquía: Existencia de más de un **gobierno** o centro de **poder**. Por ejemplo, en el **Medioevo**, cuando quienes gobernaban eran el **Papado**, el **Imperio** y los **reinos feudales**. En ese sentido, se opone a la **monarquía** (entendida como único poder concentrado y centralizado).

Poliarquía (Robert Dahl): La P implica la sustitución de la clásica idea de la **soberanía del pueblo** por una concepción que ve a las *élites* en pugna por el **poder** y al **pueblo** optando por alguna de ellas. Dahl señala los siguientes atributos de la P: 1) autoridades públicas electas, 2) **elecciones** limpias y libres, 3) **sufragio universal**, 4) derecho a competir por cargos **públicos**, 5) libertad de expresión, 6) información alternativa y 7) libertad de asociación.

Policracia: Situación en la que el **poder** político está distribuido. Opuesto: **monocracia.**

Policy: Voz que refiere a los resultados políticos, es decir a los contenidos y efectos de las **políticas públicas** (ver también *politics* y *polity*).

Polis **(Grecia clásica, siglos IX-IV a.C.):** Organización de las **ciudades-Estado**, territorios con un **sistema político** regido por una fuerte participación del conjunto de los varones libres, los únicos reconocidos como **ciudadanos**. En el marco de esta **participación política** –**democracia directa** asamblearia- podía ejercitarse la **Razón**. La *P* –surgida con la decadencia de la **monarquía** vitalicia- era considerada anterior a la **familia** y al **individuo** –ya que el todo es necesariamente anterior a la parte- y no una mera suma de individualidades. La **teoría política** aristotélica y el **Estado** ideal de **Platón** se desarrollaron en la última etapa de la *P*, en el siglo IV a.C.. Según **Aristóteles**, fuera de la *P* el ser humano no podía ser considerado humano. De hecho, los **esclavos** no lo eran (tampoco las mujeres ni los **metecos** (extranjeros) podían participar). En realidad, hablar de la *P* griega es hablar de la *P* de **Atenas**, ya que en ninguna otra *P* –incluidas las anteriores o posteriores- se dieron las condiciones producidas allí: abundancia de recursos, líderazgo comercial y marítimo, política imperial, la figura de **Pericles**, etc. La expansión de **Roma** y Macedonia (conquista de Grecia por Filipo II) y la llegada de la época helenística marcaron su ocaso, sucediéndole un gran **imperio** militar con **Alejandro Magno** como figura excluyente.

Politeia (Aristóteles): **Régimen político** propuesto por el filósofo griego, mezcla de **aristocracia** y **democracia**. La P era una fórmula intermedia que reflejaba la desconfianza de **Aristóteles** hacia el **gobierno** del **pueblo**, al que consideraba como el gobierno de los ignorantes. También se identifica a la *P* con la **comunidad** de los **ciudadanos**.

Política: El **término** deriva de *Polis*, que designa todo lo relativo a lo **público** y lo civil. Llegó hasta nuestros días por la obra de **Aristóteles**, que llevaba esta **palabra** como título. La P es el espacio en el que se desarrolla la lucha por el **poder** y la toma de decisiones, las cuales asumen un carácter obligatorio para los miembros de una comunidad, bajo apercibimiento de una sanción por incumplimiento, la cual se apoya en el uso de la fuerza física (legítima o no). Abarca también la **estructura** y el funcionamiento de las **instituciones** del **Estado**. Para **Weber**, la P es la dirección o influencia sobre una **asociación política**. En sentido amplio, P se define por el poder, o sea, todo poder es político (por ejemplo, el poder de un padre sobre un hijo o de un sacerdote sobre un creyente). En sentido restringido, es P sólo lo que se relaciona con los asuntos públicos, con el arte de gobernar un Estado y de dirigir sus relaciones con las demás instituciones. (Ver también la distinción entre *policy*, *politics* y *polity*).

Política agonal: Según **Aristóteles**, se habla de PA (de agonía) cuando hay una finali-

dad (lo **teleológico**) u objetivo de conquista del **poder**.

Política arquitectónica: Según **Aristóteles**, se habla de PA en relación con lo **axiológico** (valores): los propósitos para los cuales se conquista el **poder** deben justificar esa conquista. De lo contrario, la sola lucha por la **dominación** como fin en sí mismo, es algo despreciable en términos de la **virtud**. De este modo, la PA es la que utiliza el poder para realizar actos orientados a satisfacer el **bien común** o el bienestar general.

Política comparada: Parte de la **Ciencia Política** encargada de estudiar y confrontar entre sí los **sistemas políticos**, para explicar sus diferencias y semejanzas, los patrones, regularidades y **procesos**. Para algunos politólogos, no tiene sentido hablar de PC como subcampo, ya que el análisis comparado está en toda la Ciencia Política. Uno de los pioneros del **método comparativo** es Lijphart, quien afirmó que este método no era tan poderoso para controlar **hipótesis** como lo eran el método estadístico y el experimental, pero sí lo era respecto del método histórico. Ejemplos de investigaciones en PC: **Aristóteles** en *La política* (comparó las constituciones y **ciudades-estados** con el fin de analizar sus formas de **gobierno**), **Maquiavelo** en *El Príncipe* (comparó diversas formas de ejercer el **poder**), **Montesquieu** en *El espíritu de las leyes* (comparó **regímenes políticos** para estudiar la influencia en ellos de las condiciones sociales), Almond y Verba en *La cultura cívica* (compararon la relación entre la **cultura política** y la **democracia**) y B. Moore en *Los orígenes sociales de la dictadura y la democracia* (comparó las alianzas de **clases** para observar los tipos de pasajes a la **sociedad moderna**).

Política dual: Ver **sistema político dual.**

Política pública: Conjunto de las acciones de **gobierno.** Son ejemplos de PP: financiar investigaciones sobre el SIDA, otorgar **subsidios** para vivienda, aumentar los **impuestos** o los gastos de defensa, etc.

Política social: Conjunto de acciones de **gobierno** tendientes a la redistribución del **ingreso** con el fin de atenuar las desigualdades sociales. Son campos de la PS las políticas de vivienda, salud, **educación** y alimentación, entre otros. Para el **liberalismo,** el **Estado** debe tener un rol **subsidiario** en el plano de la PS, interviniendo sólo para garantizar un piso mínimo de subsistencia para todos (por ejemplo, repartiendo cajas de alimentos entre los **indigentes**). El **Estado de Bienestar keynesiano** surgido tras la **Crisis del 30,** los regímenes **populistas** en América Latina y la **Doctrina Social de la Iglesia** han impugnado la concepción liberal, destacando la importancia de un Estado activo en el campo de la PS. El **marxismo,** finalmente, describe a la PS como un paliativo auto-justificatorio del **sistema capitalista** y propone una transformación social profunda que elimine la existencia de sectores sociales desprotegidos que necesiten de una PS de asistencia.

Politics: Voz que refiere a las acciones políticas, esto es, a cómo se accede, distribuye, ejerce y transmite el **poder** y cuáles son sus límites. (Ver también ***policy*** y ***polity***).

Politología: Ver **Ciencia Política.**

Polity: Voz que refiere a la **estructura** política, es decir a la forma y organización que asume el fenómeno político y a sus partes constituyentes: **territorio, población, instituciones,** grupos y **actores** políticos. (Ver también ***policy*** y ***politics***).

Populismo: Doctrina y movimientos que plantean la defensa de los intereses del **pueblo,** entendido como una unidad nacional por encima de las **clases sociales** y enfrentada a los intereses de una ***élite*** "**cipaya**" aliada al interés extranjero. Se dice por ello, que el P es nacional, popular y **policlasista.** También llamado **nacionalismo popular,** el P no se plantea transformaciones sociales profundas sino **reformas** dentro del orden social **capitalista.** El P se caracteriza por liderazgos carismáticos con apoyo de **masas** trabajadoras no delimitadas como clase independiente. A. Rouquié lo define como una **dictadura** demagógica que se apoya en las clases populares urbanas, que siguen en forma irracional a un **líder carismático.** En este sentido, el P implicaría también la incorporación de las masas al orden político y social, realizada desde el **Estado,** es decir, con masas que carecen de independencia. El P es criticado desde el **marxismo,** que lo ve como una "vacuna anti-revolucionaria", que moviliza a las clases que pueden amenazar al **sistema** dominante –particularmente a los **obreros**– pero no para la **revolución** sino –al contrario– para mantener la **dominación** de clase. En este sentido, **Perón** decía "ceder algo para no perderlo todo", "la revolución antes de que la haga el pueblo" o "perder un centavo para ganar un peso". También es atacado desde el **liberalismo** –ya que el P se caracteriza por su desdén hacia la **política** parlamentaria e institucional– y por las visiones **conservadoras** elitistas u oligárquicas. Para Przeworski y Wallerstein, el Estado populista es la versión del **Estado de Bienestar** keynesiano en la **periferia ca-**

pitalista. Aunque pueden rastrearse antecedentes en los P ruso y norteamericano del siglo XIX, es en América Latina donde el P se desarrolló con mayor profundidad en las décadas de 1930 y 1940 (también con antecedentes en el siglo anterior), con proyectos industrialistas dirigidos desde el Estado basados en la **sustitución de importaciones** y cierta distribución de la riqueza, bajo fuertes liderazgos carismáticos (por ejemplo, J. Perón, G. **Vargas**, L. **Cárdenas** y el **aprismo** peruano).

Post-conductismo (David Easton): Expresión que propuso este politógo para hacer referencia a las modificaciones producidas en la **Ciencia Política conductista** en las décadas de 1960-70, la cual se dividió en tres corrientes: el pluralismo **liberal**, el pluralismo **radical** o neo-pluralismo y el pluralismo **conservador** (que plantea poner límites a la "**tiranía de las mayorías**" de la **democracia de masas**).

Prebendarismo: Régimen político que se basa en la distribución de prebendas.

Premier: Primer Ministro o **Presidente** de un **Estado**.

Presidencialismo: Régimen político en que el **Presidente** es a la vez **Jefe de Estado** y **Jefe de Gobierno** y que tiene como concepto central la **separación de poderes**: el Presidente no está obligado a rendir cuentas al **Parlamento**, porque no hay responsabilidad política (excepcionalmente existe el **juicio político**, pero nunca el **voto de censura**. De este modo, la destitución del cargo sólo puede ocurrir a través de **elecciones**). Además, el Presidente es elegido por el **voto** popular –en algunos casos indirectamente, como sucede con los **colegios electorales**– y por un plazo fijo. El Presi-

dente nombra y destituye a los **Ministros**, los cuales no conforman un **gabinete** al estilo del **parlamentarismo**. Tampoco puede el Parlamento destituir a un miembro del gabinete. A la inversa, el Presidente no podrá disolver el Parlamento, cuyos miembros también surgen de elecciones y con mandato fijo. Así, hay inmunidad recíproca y autonomía política (Duverger decía que entre Presidente y Parlamento hay un "**matrimonio** sin divorcio"). En el P, el Presidente puede pertenecer a un partido y el control del legislativo estar en manos de un partido opositor, algo inconcebible en el parlamentarismo. El ejemplo más importante es el de los **EE.UU.**, destacándose Filipinas como uno de los pocos ejemplos fuera de **América**. En América Latina se sigue el **modelo** norteamericano, pero con **sistemas** muy inestables que degeneran en **autoritarismos** y **caudillismos** y donde el poder del Presidente en general es mucho mayor que el del Parlamento –lo que se expresa, por ejemplo, en una reiterada utilización de diversos mecanismos: **decreto**, iniciativa legislativa, **veto**, **intervención federal**, **estado de sitio**, control de la **Corte Suprema**, etc–. Según **Sartori**, con la excepción de EE.UU., el P ha cedido a las presiones de los **golpes de Estado**. También denominado **gobierno presidencial**. Una variante del P es el **semipresidencialismo** (ver).

Presidente: Jefe del **Poder Ejecutivo** en un **régimen presidencialista**, electo por un período fijo de tiempo. Sus atribuciones son mucho más importantes en el **presidencialismo**: nombrar y remover a sus secretarios de **Estado**, comandante supremo de las **FF.AA.**, encargado de las relaciones exteriores, iniciativa de **ley** y derecho de **veto**. En el **parlamentarismo**, el P no surge del **voto** popular y cumple pocas funciones efectivas, teniendo centralmente un **poder** simbólico (en la **república** hay P, en la **monarquía** hay **Rey**). No debe confundirse al P con el **P del Consejo** del **régimen parlamentario**, que se identifica con el **Primer Ministro**: el primero es el **Jefe de Estado** y el segundo es el **Jefe de Gobierno**.

Presidente del Consejo: En el **parlamentarismo**, denominación que puede recibir el **Jefe de Gobierno** o **Primer Ministro** en su carácter de cabeza del Consejo de Ministros. No debe confundirse con el **Presidente de la República**, que es el **Jefe de Estado**.

Pretorianismo (Samuel Hungtington): Participación o intervención intermitente de los militares en el **poder** político y –por extensión– de otras **corporaciones**, como la **Iglesia**, las organizaciones de **empresarios**, los **sindicatos**, etc. **Sociedad** donde no hay **partidos políticos** o **instituciones políticas** fuertes, donde hay un vacío de poder, provocando la intervención militar como sustituto. Sociedad pretoriana es aquella en la que no existen instituciones capaces de procesar las **demandas** de los distintos **grupos**, de mediar, moderar y refinar los reclamos que surgen con la participación. Es decir, allí donde no hay un árbitro de los conflictos grupales. Huntington distingue entre un P **oligárquico** (América Latina en el siglo XIX, dominada por **terratenientes, clero** y militares), un P **radical**, caracterizado por la exclusión política del campo y la violencia política **urbana**, y un P de **masas**, que se produce cuando los **trabajadores** comienzan a participar políticamente (caso del **peronismo**).

Primarias: Denominación que se da en ese país a las **elecciones internas** en un **partido político**, en especial para elegir el candidato presidencial.

Primer Ministro: Jefe de un **gobierno** o de su Consejo de **Ministros**. Es propio del **parlamentarismo**. También llamado **Jefe de Gobierno, Presidente del Consejo** o **Canciller**, no debe confundirse con el **Jefe de Estado** o **Presidente** de la **República** (Jefe de Estado que en el caso de las **monarquías** recae en el **Rey**). El PM selecciona a los demás miembros del gobierno y representa al **gabinete** ante el **Parlamento**. Es nombrado por el Jefe de Estado (Presidente o Rey), quien en general escoge al **líder** parlamentario del **partido** que tiene más **bancas** y/o que se ha impuesto en las **elecciones**.

Primera minoría: El segundo **partido** más votado en una elección o el segundo **bloque** de legisladores en el **Parlamento**. En el **sistema electoral** de **lista incompleta** la PM se lleva un tercio de los cargos.

Príncipe moderno (Antonio Gramsci): Denominación que utiliza **Gramsci** para referirse al **partido político** revolucionario –con la **hegemonía** de la **clase obrera**, capaz de unificar detrás de un proyecto nacional y en base a una **dirección intelectual y moral**, a las **clases sociales** oprimidas–. Gramsci adopta la concepción del "príncipe" de **Maquiavelo**, quien había planteado que el rol del Príncipe en la **Italia** de su época era el de unificar el **Estado** bajo la dirección de la **burguesía**, combatiendo a la **nobleza** y a la **Iglesia**. Así, si el príncipe de Maquiavelo es un **individuo** que expresa el interés de la **clase** burguesa y sus aliados contra el **feudalismo**, el PM de Gramsci es una **organización** colectiva que expresa el interés de la clase obrera y sus aliados contra el **capitalismo**, impulsando una "reforma **intelectual y moral**": la revolución **socialista**.

Profesionalismo: Posición que defiende la

acción profesional de las **Fuerzas Armadas** y critica su participación en la **política**.

Programa: Conjunto de reivindicaciones adoptadas por un **partido político**. De acuerdo con la visión de **Gramsci,** el P no se limita a una lista de reivindicaciones momentáneas o caprichosas, sino que incluye reivindicaciones que surgen de la caracterización de un momento histórico y sus principales tendencias. El P es el que da sentido y forma consciente a las **ideologías** (preconscientes) existentes en la **sociedad civil** en un momento determinado (la **cultura**, los **mitos** y los **símbolos**). De este modo, partido político es toda fuerza real o material que opera en la **sociedad**, dándole un P o voluntad colectiva, parcial o general, a un conjunto de **sujetos** sociales que pertenecen a determinadas **clases** o **fracciones** de clases, con ciertos intereses comunes. El P se diferencia, entonces, tanto de una **plataforma electoral** como de los principios y de los objetivos. La plataforma electoral es una enumeración de medidas de tipo episódico. Los principios están vinculados con los **valores**: la justicia, la libertad, la igualdad. Es el **deber ser** de la **política** (en este sentido, un **liberal** y un **anarquista** quizá puedan coincidir, lo que no ocurrirá en modo alguno al nivel del P). Los objetivos están ligados a la finalidad que se quiere alcanzar: la **democracia**, el **socialismo**, la **anarquía**, el **comunismo**. Aquí, por ejemplo, en el objetivo del "socialismo" pueden coincidir un **maoísta**, un **trotskista**, un **stalinista** y hasta un **nasserista** o grupos **nacionalistas de izquierda**. De este modo, al nivel de las plataformas, los principios y los objetivos las diferencias de clase entre los partidos se diluye; éstas pueden ser claramente detectadas sólo al nivel del P y la **praxis** desarrollada en pos de su consecu-

ción (que es el P en movimiento).

Progresismo: Movimiento que postula la igualdad de derechos, libertades y oportunidades para todos los hombres, a los que considera **ciudadanos**. El P está ligado a corrientes de la **izquierda reformista** o el **centroizquierda** –como los **partidos socialdemócratas, laboristas** o **socialistas**–. Postula una vía pacífica, parlamentaria y **laica** para la obtención de **derechos sociales**, en el marco de una **democracia** participativa, rechazando tanto a la **derecha liberal** como a la **izquierda marxista**.

Prólogo a la contribución a la crítica de la economía política (**Karl Marx, 1859**): Breve texto en el que **Marx** expone la base del **materialismo histórico**, imaginando la metáfora de un edificio: sobre la **base económica** o **estructura** material de la **sociedad** –el lugar de la **producción**– se edifica una **superestructura** de ideas e **instituciones** – entre ellas la más importante: el **Estado**–. En el momento en que el desarrollo de las **fuerzas productivas** choca con las **relaciones de producción** existentes se abre una época de **revolución** social. En diversos textos- incluido *El Capital*-, Marx destacó que esa división sólo existe a nivel teórico, ya que el **marxismo** es el "punto de vista de la totalidad". Esto significa que es falsa la conclusión sacada por numerosos autores vinculados con el **stalinismo** o la **socialdemocracia**, acerca de que "la estructura es la **economía** y la superestructura es la **política**": lo que prima en todos los terrenos es la **lucha de clases**, el "motor de la historia".

Promesas incumplidas de la democracia (Norberto Bobbio): Condiciones que la **democracia** no pudo cumplir y que desvirtúan parte de sus objetivos. Esas condiciones son: la reivindicación de los intereses, la persistencia de las **oligarquías**, el espacio limitado, el **poder invisible** o **gobierno invisible**, el **ciudadano** no educado, el gobierno de los técnicos (**tecnocracia**), el aumento del **aparato** burocrático y el escaso rendimiento.

Promulgación: Acto presidencial que ordena la publicación y aplicación de una **ley** sancionada por el **Poder Legislativo**.

Pronunciamiento: Golpe de Estado militar de rápida ejecución en el que, una vez en el **poder**, sus líderes dan a conocer un **manifiesto** con sus objetivos.

Propaganda: En términos generales, difusión de imágenes e ideas **políticas** con el fin de obtener respaldos o **votos**. Desde el **marxismo** –Plejánov y Lenin- la P es una manera de difundir muchas ideas –desarrolladas en profundidad- a un número reducido de personas. Opuesto: **agitación**.

Proscripción: Prohibición, ilegalización. El término se utiliza en particular para describir a las situaciones en que **partidos políticos**, **sindicatos**, personas y otros actores políticos y sociales son declarados ilegales por el **gobierno** y a los que se les prohíbe intervenir en la vida nacional.

Protectorado: Tutela o **soberanía** ejercida por un **Estado** que brinda protección a otro que tiene autoridades locales con una **independencia** formal limitada, ya que debe obediencia a aquel. Por ejemplo, Marruecos fue, antes de su independencia, P de **España** y **Francia**.

Proudhon, Pierre Joseph (1809-1865): Pensador **anarquista** francés. Influido por el **socialismo utópico** cuestionó la **propiedad privada** como antisocial y contraria al **derecho natural** ("la propiedad es un robo"), y –en defensa de la libertad individual- planteó la abolición del **Estado** y su reemplazo por una **sociedad** de armonía universal basada en mutuales y federaciones espontáneas y pacíficas. Entre sus obras principales encontramos a: *¿Qué es la propiedad?* (1840).

Public choice **(James Buchanan y Gordon Tullock): Teoría** de la **Ciencia Política** neoliberal surgida en el contexto de la **crisis** del **Estado de Bienestar Keynesiano**, que concibe a determinadas áreas de la **política** como un **sistema** de negociaciones e intercambios. En esta visión el **Estado** debe limitarse a cumplir unas pocas funciones (**Estado gendarme**), ya que el **mercado** económico es considerado un eficaz asignador de recursos.

Pufendorf, Samuel (1632-1694): Pensador *iusnaturalista*, planteó la existencia de dos tipos de pacto o **contrato social**: en uno de ellos, los hombres firman su unión en **sociedad** y crean al **Estado** (pacto de unión); en el otro, el **pueblo** se somete a los gobernantes (pacto de sujeción). Entre sus obras principales encontramos a: *Deberes del hombre y del ciudadano* (1673).

Puntero: Sujeto que pertenece a un **partido político** y que dispone de los recursos económicos que este partido posee para distribuirlos entre la **población** más necesitada en una zona determinada –un barrio, por ejemplo- a cambio del compromiso de apoyo de estos sectores –votos, movilizaciones, fuerza de choque, etc-. El ejemplo más difundido en nuestro país de esta forma de **clientelismo** es el de los P del **peronismo** y el **radicalismo**.

Putsch: Del alemán, "revuelta", conspiración o golpe de fuerza ejecutado rápidamente y de improviso para tomar el **poder** político.

Q

Quiebra de las democracias (Juan Linz): Situación en que fracasa el **régimen político** democrático y abre paso a un régimen autoritario. Ejemplos: el pasaje de la **República de Weimar** al **nazismo** y el **golpe de Estado** de 1973 en **Chile.**

Quórum: Número mínimo de miembros presentes que exige un cuerpo político –por ejemplo, una **cámara** legislativa– o social –por ejemplo, una **sociedad anónima**– para sesionar, deliberar y/o votar.

R

Radical: Aquel que plantea posiciones extremistas y pretende ir a la raíz del problema. Sin embargo, la aplicación más habitual del término no está asociada a **partidos** revolucionarios sino a partidos **demócratas burgueses**, ubicados a la **izquierda** de los **liberales**, pero en el **centro** político, como el Partido Radical francés o el británico.

Radicalizado: Partidario de posturas **políticas** extremas. Así, se habla de una **derecha** R –máxima posición **conservadora** del orden social y político vigente– y una **izquierda** R –máxima posición revolucionaria frente al orden social y político vigente–. Opuesto: moderado.

Rational choice: Ver *public choice.*

Razón de Estado: Concepto por el cual se justifica un interés superior del **Estado** que se considera por encima de la **moral** y la **ley** vigentes en una **sociedad** y que justificaría su violación.

Real: Perteneciente o relativo al **Rey** o a la **monarquía.**

Realpolitik: Aplicación de una política pragmática y oportunista, que no presta atención a los **valores** ni a las **ideologías.**

Rebelión: Alzamiento violento contra los **poderes** establecidos. En nuestro ordenamiento legal, la R es un **delito** que busca cambiar la **Constitución,** deponer alguno de los poderes **públicos** del **gobierno** nacional o presionar de diversos modos para provocar o evitar la aplicación de determinadas medidas o actos de gobierno. Cabe diferenciar entre una **R militar** y una **R popular.**

Recall: También conocido como **destitución popular,** el R es un mecanismo de **democracia semidirecta,** en **virtud** del cual el **pueblo** –convocado a la consulta– destituye a un funcionario, revocando su mandato.

Reclutamiento político: En la **teoría de sistemas, función** por la que se llenan los **roles** de un **sistema político.**

Reducción a la unidad: Conforme a lo planteado por autores como N. Botana y R. Barun, se llama RU al **proceso** de centralización del **poder** político por el cual se da forma a un **Estado nacional** que monopoliza el uso de la violencia y demás **atributos de la estatidad.**

Referéndum: Aprobación o rechazo a través del **voto** popular de una **norma** o medida sancionada por el **Estado** con anterioridad a la consulta. Otra definición distingue al *R* del **plebiscito** (ver), planteando que en el segundo se vota a favor o en contra de una persona y no de una **ley** (como en el caso del *R*). Puede ser **facultativo** u obligatorio. Los orígenes del *R* se encuentran en la **Asamblea** suiza en el siglo XVI y en el proyecto de **Constitución** francesa redactado por J. J. **Rousseau**. En la **Constitución** Nacional figura desde 1994 en su artículo 40 como "**consulta popular**".

Reforma: Cambio parcial en una **sociedad** que no afecta la **estructura** de la misma. En ese sentido, la R se opone a la **revolución**. (Ver también **reformismo**).

Reforma administrativa: Cambios en la forma de gestión del **Estado**, sin que ello implique cambios estructurales (**reforma del Estado**).

Reforma constitucional: Procedimiento para modificar la **Constitución** de un **Estado**.

Reforma del Estado: Cambios estructurales en los ámbitos políticos y económicos del **Estado**. Propia del **neoliberalismo**, la RDE implica un achicamiento del **aparato de Estado** por medio de **privatizaciones** y racionalización del aparato administrativo (lo que incluye despidos).

Reforma intelectual y moral (Antonio Gramsci): En general, el concepto refiere a todo cambio cultural y moral profundo, revolucionario, que se da en una **sociedad**. En lo particular, es la denominación gramsciana de la **revolución socialista**, del nuevo tipo de sociedad a la que aspiraba y de la concepción del **hombre nuevo** (como lo llamaría posteriormente el **Che Guevara**), con nuevos **valores**, basados en la solidaridad y el esfuerzo compartido. Otros ejemplos de RIYM en la **historia** fueron la **Reforma Protestante**, el **Renacimiento** y la **Ilustración**.

Reforma política: Conjunto de cambios implementados en las **instituciones** políticas, los **partidos políticos** y el **sistema electoral**.

Reformismo: **Doctrina** sostenida por los llamados revisionistas del **marxismo**, encabezados por Eduard **Bernstein** y Karl **Kautsky**. El R planteaba el **socialismo** como objetivo, pero no a través de la **revolución social** –que es la base del marxismo– sino por medio de reformas parlamentarias paulatinas en el marco de la **democracia burguesa**. El R fue defendido fundamentalmente por la **socialdemocracia**, que fue adoptando posiciones definidamente procapitalistas. En la actualidad, el R se vincula con el llamado **progresismo** y el **centroizquierda** que postulan la renuncia a la **lucha de clases** y la conciliación entre el **capital** y el **trabajo**.

Regalías: Atribución exclusiva del **soberano** de un Estado. Por ejemplo, en la **Edad Media** los **reyes** tenían ciertas R, como acuñar **moneda** o el manejo de milicias, que podían ser cedidas a los **señores** a cambio de **tributos**.

Regencia: Período en que alguien ocupa el trono en lugar del **Rey** a causa de la minoría de edad, incapacidad o ausencia de éste.

Regicidio: Asesinato de un **Rey**.

Régimen militar: Dícese del **régimen polí-**

tico en el que las **fuerzas armadas** controlan el **gobierno**.

Régimen político: Conjunto de reglas que regulan la lucha por conquistar y ejercer el **poder estatal**, el modo de ejercerlo y las relaciones entre las distintas **instituciones**. Si bien las clasificaciones son muy diversas, entre los RP más destacados encontramos a la **monarquía absoluta**, la **monarquía parlamentaria**, la **república**, la **democracia representativa**, la **democracia directa**, el **autoritarismo**, el **totalitarismo**, el **parlamentarismo** y el **presidencialismo**. Un mismo **Estado** puede tener diferentes RP: así, el Estado esclavista griego y romano tuvo alternativamente un RP monárquico, republicano, democrático y dictatorial. El Estado **feudal** tuvo su forma de **Imperio** en el *Reich* alemán y de **absolutismo** en **Francia**. Y el actual Estado **capitalista** experimenta RP que van desde la **democracia burguesa** hasta la **dictadura militar**. El **gobierno**, por su parte, es el personal político que ocupa transitoriamente el **poder político** del Estado.

Régimen post-totalitario (Juan Linz): Término con el que este autor designa al **régimen político** de los países del este europeo con posterioridad a la muerte de **Stalin** y antes de que se iniciaran **procesos de democratización**. Características: liderazgo débil y poco carismático por parte de funcionarios del **partido**, cierto **pluralismo** económico y social pero no político y un aflojamiento de la apelación a la **ideología** dominante.

Regionalismo: Postura que reivindica la **autonomía** de una región respecto del **poder central** de un **Estado**.

Regla de la mayoría: Norma que –tomada por una mayoría– es obligatoria para todos. Es propia de la **democracia**. G. **Sartori** la rechaza, argumentando el riesgo de que no se respeten los derechos de las minorías y oponiéndole el criterio del **pluralismo**.

Reinos feudales: Una de las formas de **gobierno** durante la **Edad Media**, junto con el **Papado** y el **Imperio**. Eran **territorios** controlados por un **Rey**, pero que no tenían incidencia en las **tierras** de la **nobleza**, los **señoríos**. Desaparecieron con la formación de los **Estados nacionales**, que centralizaron a los dispersos RF y señoríos, transformándolos en **vasallos**.

Representación de intereses: Para algunos autores, la RI abarca toda forma de representación, ya sea de **individuos** o de **grupos**. Otros autores, por ejemplo **Bobbio**, identifican a la RI con la **representación funcional** –centrada en el **mandato imperativo** proveniente de intereses sectoriales–, diferenciándola de la **representación política** –ligada al **mandato libre** y la representación de la **Nación**–.

Representación funcional: Forma de representación de intereses de las **corporaciones** o determinados grupos o **clases sociales**. También llamada **representación corporativa**. Ejemplo: los consejos económico-sociales con **poder** de decisión. Está ligada al **mandato imperativo**. Opuesto: **representación territorial**.

Representación política: Forma de representación de intereses de los **individuos**, surgida con la **Revolución Francesa**, en oposición a la **representación funcional**, basada en los tres **estados**. En esta última, la **burguesía** perdía las votaciones por dos a uno, frente a los otros dos estados. Y como la burguesía (junto al **pueblo**) pertenecía al **tercer estado**, la mayoría quedaba sin peso. Todo cambió cuando se pasó de la votación por estados o **estamentos** a la votación por **individuos**. Pueblo y **Nación** pasaron a identificarse y comenzó a predominar la noción de **ciudadanos** libres e iguales, por encima de las **corporaciones**. Está ligada al **mandato libre**.

Representación proporcional: Sistema electoral que busca que los cargos obtenidos por cada fuerza **política** reflejen lo expresado por el cuerpo electoral, de modo que las **bancas** de cada **partido** guarden relación con los **votos** logrados. La RP tiene como uno de sus propósitos defender los derechos de las minorías, no respetadas en los sistemas de **lista completa** y de **lista incompleta**. Sus críticos argumentan que, al favorecer un pluripartidismo excesivo, la RP dificulta la labor legislativa por la existencia de una cantidad desmedida de **bloques** partidarios. El ejemplo más conocido es el **sistema D´ Hont**.

Representación territorial: Forma de **representación política** basada en criterios geográficos que se expresan en la distribución de las **bancas** parlamentarias. Está ligada al **mandato libre**. Opuesto: **representación funcional**.

República: (Del latín *res publica* = cosa pública). Según la clasificación de **Aristóteles**, **gobierno** de todos. Es una de las tres formas puras de gobierno, junto con la **monarquía** y la **aristocracia**. Su forma impura o deformada es la **democracia**. La mezcla de ricos y pobres, es decir, de riqueza y libertad, forma la R. Aristóteles considera que la combinación entre democracia y **oligarquía**, que da como resultado la R, es el "justo medio". **Montesquieu** definió a la R como el gobierno donde todo (de-

mocracia) o parte (aristocracia) del **pueblo** tiene el **poder** soberano. Una visión más institucionalista puede definir a la R como un estilo de **gobierno** basado en la **división de poderes**, el **equilibrio de poderes**, la transparencia de los actos de gobierno y la renovación de autoridades por el **sufragio** (es decir, con cargos no hereditarios ni vitalicios), con un **gobierno** plural, igualitario, con **soberanía** popular, despersonalizado y responsable, periódico y electivo, entre otras características.

Revisionismo: Reformulación que cuestiona las bases de una **doctrina** o la interpretación de un tema histórico.

Revocatoria de mandatos: Propuesta de una parte del cuerpo electoral que exige una votación popular para decidir la continuidad o no de un **funcionario** político.

Revolución: Cambio abrupto y profundo que implica el reemplazo de un **modelo** vigente por otro que se le impone.

Revolución pasiva (Antonio Gramsci): Categoría que refiere a una situación social en donde la **clase dominante** recompone su **hegemonía** (dominación a través del **consenso**) temporariamente amenazada, mediante la **dominación** (uso de la fuerza). También la llamó "revolución-restauración", e incluye la obtención de concesiones por parte de los sectores dominados, pero al costo de despojar sus reclamos de todo contenido revolucionario. J. C. Portantiero sostiene que la RP implica un proceso de transformaciones "desde lo alto", en el que el **Estado** absorbe demandas "de abajo" pero quitándoles toda autonomía **política**, convirtiéndose en educador y manipulador de las **masas**. La forma clásica de RP es el **bonapartismo**.

Revolución permanente (León Trotsky): Teoría en la que **Trotsky** explica la necesidad de transformar una revolución democrático-burguesa en una **revolución socialista** y –a su vez– la extensión de una revolución en un país al resto del mundo, entendiendo que la **lucha de clases** tiene un carácter internacional. La RP se opone a la revolución por etapas planteada en general por los **partidos comunistas** ligados de algún modo al **stalinismo**, denunciando la claudicación de éste ante las **burguesías nacionales** y su abandono del objetivo de la **dictadura del proletariado** y la revolución socialista mundial.

Revolución social: Cambio violento de las relaciones de **propiedad** y las **relaciones de producción** impulsado por **clases sociales** revolucionarias, hasta entonces dominadas por otras.

Revolución socialista: Toma del **poder** político por parte del **proletariado** y quiebre del **Estado**, las relaciones de **propiedad** y de las **relaciones de producción capitalistas**. Con la RS, la **clase obrera** toma el poder e inicia la **dictadura del proletariado** en el plano político y la transición al **socialismo** (ver) en el plano económico-social. La RS más importante de la **historia** es la **Revolución Rusa** (ver también **comunismo** y **marxismo**).

Rey: Monarca, soberano de un reino, cabeza de la **monarquía**, cuyo **poder** es hereditario.

Rey por la gracia de Dios: Principio de las **monarquías teocráticas**, que sostenía que el **poder** del monarca tenía un origen divino y, por lo tanto, sólo Dios podía limitar. Representaba el predominio político de la **Iglesia Católica** sobre los reyes, una cons-

tante de la **Edad Media** que duró siglos. Un ejemplo de ello fue la consagración de **Carlomagno** al frente del **Imperio Carolingio**.

Rousseau, Jean Jacques (1712-1778): Filósofo y pedagogo suizo radicado en **Francia**, figura clave del **contractualismo** y el pensamiento de la **Ilustración**. En su *Discurso sobre los orígenes de la desigualdad entre los hombres* (1755) denunció la corrupción **moral** de la Humanidad. Concibió a un hombre con una bondad originaria, en el **estado de naturaleza**, corrompido con el surgimiento de la **propiedad privada** y la **civilización**. Su obra fundamental fue, sin duda, *El contrato social* (1762), en la que sentó las bases del pensamiento **iluminista** de la **pequeña burguesía** democrática, que influyó en la **Revolución Francesa**. En esa obra, presentó al **Estado** como la unidad de la voluntad individual con la voluntad colectiva o **voluntad general** y reivindicó la **democracia directa**. El contrato social rescata lo mejor del estado de naturaleza y de la **sociedad** implantando las condiciones sociales más convenientes para todos, a través de la voluntad general, única fuente de **soberanía** y del **interés general**, que "obliga a los hombres a ser libres".

Rutinización del carisma (Max Weber): Degeneración de la autoridad carismática en la línea de la autoridad tradicional o la legal. La situación típica es la que se produce ante la muerte del **líder carismático** y el problema de su sucesión. La rutinización implica que el **carisma** de un líder (por ejemplo, un sacerdote o un político) pasa a un cuadro administrativo (por ejemplo, el clero o un **partido político**). Al adaptarse a lo cotidiano y dejar de ser algo extraordinario, la **dominación carismática** se objetiva y pasa a ser una dominación co-

tidiana (patrimonial, estamental o burocrática). Esto puede provocar la resistencia
del jefe carismático contra estos poderes
carismático-hereditarios o carismático-ob-
jetivados. El carisma es un fenómeno típico en los inicios de una dominación religiosa o política, pero que se va debilitando
cuando la dominación ya está asegurada
y el grupo que rodea al líder (el cuadro
administrativo) busca su propia legitimación y beneficios económicos. Hay casos
históricos, como Roma, en donde el jefe
carismático elige a su sucesor y otros en
donde es el séquito carismático el que
lo designa (por ejemplo, la elección del
Papa por el conjunto de los obispos o del
Rey germánico por un grupo de príncipes). En la India predominó el carisma
hereditario, distribuyéndose las tierras-
feudos entre los más viejos de cada clan.
Casos similares fueron los del taoísmo
chino y el "estado de linajes" en Japón.
En el carisma hereditario, no importan los
méritos del sucesor sino éste que tenga
vínculos de descendencia con los antecesores carismáticos. El carisma nace como
una fuerza revolucionaria y destructiva,
pero con en tiempo se convierte en su
contrario y se hace **conservador**.

S

Saber (Michel Foucault): Conjunto de reglas y conocimientos que en una **sociedad** dada determinan qué es lo verdadero
y qué es lo falso, produciendo efectos de
poder que –a su vez– son generadores de
nuevos S: de allí el planteo foucaltiano de
"**saber es poder**". El planteo de **Foucault**
es que cada sociedad tiene su régimen de
verdad; hay un combate alrededor de la
verdad, pero no por la verdad, sino por
el control del poder a través de cierto S o
discurso que se disfraza de "verdad", el S
oficial o dominante.

Saber es poder (Michel Foucault): El **concepto** refiere a la situación en que el **discurso** dominante en una **sociedad** –originado en prácticas de **poder** a las que
busca legitimar– que se ha decidido que
es "*la* **verdad**", constituye un **saber** que
da poder a quienes disponen de él, gene-
rando a su vez nuevos saberes, en una relación de circularidad. Por ejemplo, el psi-
quiatra (una suerte de "policía mental")
tiene el saber que establece quién está
loco y quién no y –por lo tanto– tiene el
poder de encerrar a alguien. De esa relación de encierro del paciente y las visi-
tas del médico, surgirán nuevos saberes y
así sucesivamente. La relación entre saber
y poder funciona centralmente a través
del **lenguaje** (elemento **estructuralista** de
la **teoría** de Foucault), que varía en cada
contexto histórico (elemento no estructuralista). De este modo, el loco, el enfermo,
el delincuente, el perverso –en síntesis, el
declarado anormal– va siendo redefinido
constantemente.

Salidas: Ver *outputs*.

San Agustín (354-430): Filósofo **medieval**
nacido en África, sostuvo que la igualdad
espiritual ante Dios es lo que caracteriza a
los hombres. SA intentó la armonización
de la **filosofía** y la fe –siendo esta última el
fundamento natural de la **razón**–. SA fue el
primero que conformó lo que luego se de-
nominaría la filosofía cristiana. SA describió dos reinos: la Ciudad de Dios o ciudad
celeste, que es perfecta, y la ciudad terre-
na, sometida a la primera. Dios dirá a cuál
pertenece cada uno. De este modo, todo
poder viene de Dios: el reino de la Tierra

se somete a las **leyes** divinas, que determinan el **sentido** y destino de todo. Entre sus obras principales encontramos a: *La Ciudad de Dios* (412).

Santo Tomás de Aquino (1227-1274): Filósofo y teólogo nacido en Nápoles. Recristianizó la **filosofía** de **Aristóteles**, combinándola con la lectura de la **Biblia**. ST logró una síntesis entre **teología** y filosofía en la que adquiere una autonomía relativa el elemento de la **razón**. Justificó el origen divino del **poder**, pero planteó que el **Estado** surge de la necesidad humana, de sus instintos, y no como consecuencia no deseada de un pecado original –que es la concepción negativa del Estado, presente en **San Agustín**–. ST ve a la **sociedad** en forma jerarquizada: Dios en la cúspide, el **Papa** como su representante en la Tierra -concentrando el poder espiritual y el poder **secular**-, el soberano o **Rey**, la **nobleza** y los **vasallos** o **siervos**. Cada hombre ocupa en la **sociedad** el lugar que Dios le dio. Entre sus obras principales encontramos a: ***Summa Theologica*** (1265).

Sartori, Giovanni (1924 ➔): Politólogo italiano, fundador de la *Rivista italiana di Scienza Politica*. Desarrolló temas de la **Ciencia Política** contemporánea como los **partidos políticos**, el **sistema de partidos**, la **teoría** de la **democracia**, entre otros. Entre sus obras principales encontramos a: *La política: lógica y método en Ciencias Sociales* (1984), *Ingeniería constitucional comparada* (1984) y *Partidos y sistemas de partidos* (1987).

Schmitt, Carl (1888-1985): Politólogo alemán, con influencias **católicas** y weberianas y de importante predicamento en el **Partido Nazi**. Entre sus muchos conceptos se destaca la oposición "amigo-enemigo" (*freund-feind*), que concibe a la **política** como el lugar de confrontación entre los que se sienten identificados con una postura y aquellos que quedan excluidos de ella. Lo nacional contra lo extranjero, la unidad del **Estado** contra los elementos internos disolventes, prefiguran un escenario donde la **guerra** es un presupuesto fundamental de la política. Reivindica el rol del Estado como tomador de decisiones en última instancia, en lo que se conoce como **"decisionismo"**, y critica a la **democracia** parlamentaria. Entre sus obras principales encontramos a: *El concepto de lo político* (1928).

Secesión: Acción de separación o **segregación** de parte de un **pueblo** y un **territorio** respecto del un **Estado**. Se aplica especialmente a la **Guerra de S** norteamericana.

Secular: Relativo al siglo o a algún **fenómeno** centenario. También es S lo **profano** o no religioso.

Secularización: Transformación de lo **sagrado** o religioso en **profano** o **secular**. **Proceso** por el que **sociedades** organizadas en torno a **normas** y **prescripciones** de tipo sagrado o tradicional se convierten en sociedades abiertas a las innovaciones. De acuerdo con la óptica de G. **Germani**, la S implica un proceso de **modernización** económica –impulso a la **división del trabajo**– y de **crisis** de los **valores** tradicionales –en particular de la **religión**– y de creciente predominio de la **razón** y de la **racionalización** de la **política**. Lo religioso deja de tener importancia decisiva en la constitución del orden social, lo cual no implica ateísmo, sino que la religión queda relegada a un ámbito de lo privado. Por ejemplo, la llegada a una **tribu** de personas de una **cultura** más moderna puede llevar a una S y a una caída de las tradiciones. Implica también un proceso por el cual los hombres acrecientan la capacidad racional, analítica y **empírica** de su acción **política**. Siguiendo a Almond y Powell, este desarrollo de la **cultura política** es equivalente al concepto de **diferenciación** en el marco de una **estructura**.

Segunda vuelta: Ver *ballotage*.

Semicolonia: País que es formalmente libre en lo político, pero que sufre una fuerte **dependencia** económica con respecto a alguna potencia. Es el caso de la mayoría de los países africanos, asiáticos, centroamericanos y –hasta cierto punto– sudamericanos.

Semipresidencialismo: Régimen político basado en dos cabezas de **gobierno** (Jefe **de Estado** y **Jefe de Gobierno** que encabeza un **gabinete**), que aparece para corregir los errores del **parlamentarismo** francés, en especial la **gobernabilidad** socavada por un **multipartidismo** con **representación proporcional** (muchos **bloques**, dificultad de **consenso**, etc). El S tiene cierto parecido con las **monarquías constitucionales** (**Rey**, gabinete y **Parlamento**). Sartori establece como características del S las siguientes: **elección** popular del **Presidente** quien comparte el poder con un **Primer Ministro**, el cual depende de la confianza del Parlamento (es decir que hay responsabilidad política del Primer Ministro y del gabinete ante el Parlamento). También al igual que en el parlamentarismo, el Primer Ministro puede disolver el Parlamento y obligar a la convocatoria de **elecciones**. Una diferencia central con el parlamentarismo tiene que ver con que en el S el **Poder Ejecutivo** está realmente dividido en dos, ya que el **poder** del Presidente no es simbólico sino efectivo como resultado de que su mandato emana del **pueblo**. Es más: tiene un poder superior al del Primer Ministro, aunque éste (como los **Ministros**) responde al Parlamento. Experiencias históricas: en la **Alemania** de **Weimar** (1918), al parlamentarismo tradicional se le injertó un Presidente elegido por el **pueblo** que –como detentador del poder independiente del **gobierno** y del Parlamento- podía jugar como contrapeso de éstos. El **canciller** del *Reich* era designado y destituido por el Presidente y necesitaba de la confianza del Parlamento (*reichstag*). La intervención del Presidente von Hindenburg para aumentar el poder presidencialista a costa del Parlamento, llevó luego "legalmente" al poder a **Hitler**. El sistema sí parece haber tenido éxito en Finlandia (allí se implementó en 1919) y en la actual **Quinta República** francesa. Completan los ejemplos Portugal y Sri Lanka. Llamado también "parlamentarismo híbrido" o "ejecutivo dualista".

Senado: Ver **Cámara de Senadores**.

Senador: Miembro de la **cámara de senadores**.

Separatismo: **Movimiento** político que lucha por la **secesión** de parte de un **territorio** respecto de un **Estado**. Por ejemplo, es separatista la organización vasca **ETA**.

Siglo de Pericles (Grecia antigua, siglo V): Período de **auge** de la *Polis* ateniense que –en rigor– abarcó tan sólo dos décadas de ese siglo. Las magistraturas atenienses durante el SP fueron: el arcontado (nueve jefes), el **Senado** (quinientos miembros), la **asamblea** popular (con facultades legislativas) y los tribunales del Areópago y de los Heliastas (jurados populares). Todas elegían a sus miembros por sorteo. Socialmente, encontramos tres **clases: ciudadanos, esclavos** y **metecos** (extranjeros).

Sinarquía: Poder oculto no oficial y paralelo al poder formal, que es el que realmente decide. Es, por ejemplo, el caso de muchas **transnacionales** en **países subdesarrollados.**

Sistema (teoría general de sistemas): Conjunto de partes relacionadas que conforman un todo delimitado de su **entorno.** Existen S abiertos y S cerrados. Ejemplos de S: un idioma, el depósito del baño, el S nervioso, la **democracia,** la *psiquis,* etc.

Sistema D´ Hont: Ver **D´ Hont.**

Sistema de partidos: En la década de 1950, M. Duverger estableció un criterio ideológico "derecha-izquierda" para clasificar a los **partidos políticos,** dividiendo los SP – según el número de componentes– en **unipartidismo (totalitarios), bipartidismo** (**democracias** estables) y **multipartidismo** (democracias inestables). Para La Palombara y Weiner hay cuatro tipos de SP: ideológico hegemónico, pragmático hegemónico, ideológico turnante y pragmático turnante, sin importar la cantidad de partidos sino su funcionamiento. G. **Sartori** clasifica a los SP de acuerdo con la distancia ideológica que existe entre los partidos, planteando los siguientes: **partido único, partido hegemónico, partido predominante, bipartidismo, pluralismo moderado, pluralismo polarizado** y **atomización** (ver cada una de estas entradas).

Sistema Hagenbach-Bischoff: Sistema electoral donde se obtiene la **media** electoral dividiendo el total de **votos** que logró cada **partido** por el número de cargos que logró,

más un cargo adicional. Al partido que tiene el cociente mayor se le asigna el cargo vacante. Por ejemplo, si hay 100 mil votos, de los que el partido A logra 33 mil, el B, 30 mil, el C, 22 mil y el D, 15 mil, siendo 10 los cargos a repartir, el partido A tendrá 3 cargos, el B también, el C, 2 y el D, 1. El cargo restante se adjudica del siguiente modo: A = 3 + 1 = 4: 33.000 / 4 = 8.250, B = 3 + 1 = 4: 30.000 / 4 = 7.500, C = 2 + 1 = 3: 22.000 / 3 = 7.333, D = 1 + 1 = 2: 15.000 / 2 = 7.500. Así, el cargo vacante se adjudica al partido A.

Sistema parlamentario: Ver **parlamentarismo.**

Sistema político: David Easton lo define como el conjunto de comportamientos o serie de interacciones a través de las cuales se hacen y cumplen en nombre de una **sociedad** los repartos investidos de autoridad (o decisiones vinculantes) de los **bienes** valiosos y escasos entre los miembros de la sociedad. Según Almond y Powell, el primer elemento importante es que todo SP se sustenta en el **uso legítimo de la fuerza,** en un acuerdo general sobre ese uso. El SP comprende a las instituciones de **gobierno** (**legislaturas,** tribunales y administración), a estructuras tradicionales (relaciones de **parentesco** y **casta**), organizaciones formales (**partidos, grupos de interés** y **medios de comunicación**) y **fenómenos** aislados (asesinatos, revueltas, manifestaciones). Para estos autores de la escuela **conductista,** el **Estado** dejó de ser el eje de la **Ciencia Política,** ocupando su lugar el SP, con una **estructura** básica de tres elementos: comunidad política, **régimen político** y autoridades (titulares de **roles** con asignación de autoridad). La explicación central de la Ciencia Política conductista será la de la persistencia de los

SP. A. **Radcliffe-Brown** define al SP como la parte de la **organización** total de una **sociedad** que se preocupa del mantenimiento o el establecimiento del orden social dentro de un marco territorial, mediante el ejercicio organizado de la autoridad coactiva, a través del uso –o de la posibilidad del uso– de la fuerza física.

Sistema presidencialista: Ver **presidencialismo.**

Sistema unicameral: Ver **unicameralismo.**

Sistemas electorales: Métodos utilizados para las **elecciones** de cargos ejecutivos y legislativos. Los SE más difundidos son los de **mayoría simple, mayoría absoluta** y **representación proporcional.** También se puede analizar a los SE desde el punto de vista de las **circunscripciones** electorales: uninominales, plurinominales o nacionales. Según Duverger, el **escrutinio** mayoritario a una sola vuelta favorece el **bipartidismo** y a dos vueltas (*ballotage*) tiende al **multipartidismo** y a las alianzas. La representación proporcional, en cambio, tiende a un sistema de muchos **partidos** independientes entre sí.

Situación revolucionaria: Conjunto de elementos que prefiguran la posibilidad de una **revolución social.** La SR se caracteriza por la **crisis** de la **clase dominante** –que ya no puede gobernar como hasta entonces–, el acentuamiento de los enfrentamientos entre ésta y las **clases dominadas** y una creciente politización y movilización de éstas. La confluencia de factores **objetivos** y **subjetivos** –desarrollo de la **conciencia de clase**– hace más probable el pasaje de una SR a la **revolución** propiamente dicha, aunque esto no siempre se produce.

Soberanía: Suprema autoridad del **poder público**, capacidad de un **Estado** de manifestar su **poder** cono único frente a otros Estados (S *del* Estado) y al interior de un **territorio** (S *en* el Estado). La S nació en **Francia** en su lucha contra el **Sacro Imperio Romano Germánico** y se popularizó a fines del siglo XVI junto con el **concepto de Estado moderno** y la pretensión de un poder estatal como único y exclusivo sujeto de la **política** (siendo la **monarquía absoluta** su primer expresión), afirmándose sobre la organización **medieval** del poder donde la S estaba dividida entre el **papado**, el **Imperio** y el **vasallaje** (ver **poliarquía**). Justamente, el **absolutismo** puso en crisis a la concepción **teocrática** de la S, que hacía depender el poder terrenal del poder divino (sobre esa base gobernaron los **incas**, los chinos, los **faraones** egipcios y los **emperadores** de **Roma, Bizancio, Alemania, Francia** e **Inglaterra**). Si en un principio, los monarcas absolutos justificaron su poder en nombre de Dios, a medida que se consolidaron esto fue haciéndose menos necesario. Jean **Bodin** reivindicó la S absolutista y le adjudicó las siguientes características: suprema, ilimitada, imprescriptible, indivisible e inalienable. También le atribuyó cinco facultades: dar la **ley** a todos y a cada uno, decretar la **guerra** o la paz, nombrar a sus funcionarios, ser la última instancia decisoria y conferir la gracia a los condenados por encima de las leyes y las **sentencias** judiciales. Sin embargo, contra la postura de Bodin acerca de que el depositario de la S era el Príncipe, surgió la concepción democrática de la S: para **Locke** el depositario de la S será entonces el **Parlamento** (ver **liberalismo político**), para **Rousseau** el pueblo (ver **voluntad general** y los aportes de su antecesor, **Marsilio de Padua**) y para Sièyes la **Nación** (concepción jurídica de la S cuya personificación es el

Estado, en oposición a la postura rouseauniana). Justamente, la lucha por la S en el Estado moderno se centró entre el **Rey** y la **aristocracia**, por un lado, y la **burguesía** y el **pueblo**, por el otro. Aparecieron entonces **teorías** de la S, como la de Jellinek, que reivindicaron el sometimiento del poder al orden jurídico (**Estado de Derecho**). Otra visión planteó que la S es la voluntad del **Estado-Nación** (ver) y que tiene cuatro características: la S es una, indivisible, inalienable e imprescriptible. Hans **Kelsen**, por su parte, reivindicó la supremacía del **Derecho Internacional Público** por sobre el **Derecho Constitucional** nacional. Así, para Kelsen ningún Estado es soberano en la medida en que todos deben someterse al orden jurídico internacional. Desde el punto de vista del **decisionismo** (una suerte de absolutismo moderno que abrió las puertas del **nazismo**), Herman Heller afirmó que la S es un poder en última instancia y Carl **Schmitt** planteó que es el poder de un Estado para decidir en situaciones excepcionales acerca de quién es amigo y quién es enemigo. Por lo tanto, es el poder de suspender el orden jurídico vigente en situaciones normales. Lo que manda es el monopolio de la decisión más que el monopolio de la fuerza. La existencia misma de la S ha sido cuestionada desde diversos ángulos. Por ejemplo, hay quienes argumentan que existen Estados sin S, como es el caso de los Estados miembro de un Estado **federal**. Y en las últimas décadas, los desarrollos de la **tecnología** y las comunicaciones, los problemas ecológicos, las **migraciones** internacionales y la circulación mundial de **capitales** y en general el fenómeno de la **globalización**, han puesto en cuestionamiento la actualidad del concepto, aunque como contraparte se observa un auge de los **nacionalismos** y de la fragmentación de Estados.

Soberanía del pueblo: Tesis sostenida por Jean J. **Rousseau** por la que los **individuos** y el **pueblo** representan, respectivamente, al interés individual y al **interés general**. Esa **voluntad general** no es la suma de las voluntades particulares, ni es la voluntad de todos, sino el **derecho** del pueblo en su conjunto a elegir su **gobierno**, el cual sólo es legítimo si tiene ese respaldo popular. Cada uno de los **individuos** que componen ese pueblo (los **ciudadanos**) posee una alícuota de **soberanía**. Así, la soberanía está fraccionada y los representantes tienen un **mandato imperativo** dado por sus electores. Opuesto: **soberanía nacional**, como **poder** soberano que constituye un todo indivisible.

Soberanía nacional: Suprema autoridad **política** en manos de la **Nación**, a quien representan quienes son elegidos ejerciendo un **mandato representativo**. Históricamente, tras una primera etapa posterior a la **Revolución Francesa**, donde pesó la idea roussoniana de **soberanía del pueblo**, la Nación se impuso como depositaria de la **soberanía**, por encima del **pueblo** y del monarca.

Sobrecarga de demandas: Saturación de presiones que sufre un **sistema político**, provenientes de la **sociedad** y que le impiden tomar decisiones con **eficacia**. Según la visión **neoconservadora**, la SD puede ocasionar problemas de **ingobernabilidad** (ver).

Socialcristianismo: Ver **Doctrina social de la Iglesia**.

Socialdemocracia (1875 →): Hasta las primeras dos décadas del siglo XX, la S era sinónimo de la organización **política** internacional de **obreros**, agrupados bajo la bandera del **marxismo** –en contraposición a las posturas anti-partido de los **anarquistas**–, destacándose en especial la existencia de dos **partidos** socialdemócratas de **masas**: el **PSD** alemán y la S rusa. Luego de la división que se dio durante la **Primera Guerra Mundial** –cuando la mayoría de los partidos socialdemócratas apoyaron a sus respectivas **burguesías nacionales**, desoyendo el **internacionalismo proletario**–, los socialdemócratas pasaron a ser la **izquierda reformista** –planteando el objetivo socialista a través de la vía de la **democracia** parlamentaria– y los **comunistas** la **izquierda revolucionaria** –defensores de la vía insurrecional y la destrucción del **Estado** burgués–. En 1889, la S se agrupó en la **Segunda Internacional** (más adelante llamada **Internacional Socialista**) y fue adoptando posiciones crecientemente pro-capitalistas, cada vez más alejadas del **socialismo**. En Europa, la S estuvo muy ligada –desde mediados del siglo XX– al llamado **Estado de Bienestar Keynesiano** y al **neocorporativismo**, modelo de **capitalismo** social que –aunque procuraba aliviar la posición desfavorable del **trabajo asalariado**– descreía de la **lucha de clases** como vía de transformación social. Sin embargo, con el **auge** del **neoliberalismo** a partir de mediados de la década de 1970, la S acercó posiciones con aquel, limitando sus planteos sociales y estatistas.

Socialismo (siglo XIX →): Según el **marxismo**, el S es una **doctrina** que plantea como fin la **propiedad colectiva de los medios de producción** y como medio la **revolución social** contra el **capitalismo** por parte de los **trabajadores**, a escala mundial. El S marxista –cuyo antecedente pueden rastrearse en el **jacobinismo** francés y el **S utópico** de **Saint-Simon**– es hostil al **Estado**, aspirando a delegar las funciones de éste en una **sociedad** formada por productores libres, en una sociedad sin **clases**. Para las corrientes **reformistas** –las **socialdemócratas** o las autoproclamadas socialistas–, lejos de oponerse al capitalismo y al Estado, el S es sinónimo de un **capitalismo** social con fuerte intervención estatal en el **mercado**, con el fin de aliviar las desigualdades sociales. Una variante especial de S es el llamado **stalinismo** que –desde la **U.R.S.S.**– planteó el **S en un solo país**, caracterizado por el rechazo de los planteos marxistas y **leninistas** y la concentración de los medios de producción en manos de un Estado controlado por una fuerte **burocracia nacionalista**, modelo adoptado luego por otros países, entre ellos **China**. En otro sentido, **Marx** utiliza el término S para definir a la primera fase en la transición del capitalismo al **comunismo**. En el S, los medios de producción son socializados y desaparece la **explotación del hombre por el hombre** y toda forma de discriminación, pero subsisten aún tendencias provenientes de la vieja sociedad capitalista, por ejemplo, en lo relativo al **consumo** (donde los productos del trabajo se distribuyen –no de acuerdo a la necesidad (criterio que se impone en el comunismo) – sino según el trabajo aportado por cada uno). Continúan en vigencia todavía el **derecho** y el Estado, aunque a través del **gobierno** de los **trabajadores** o **dictadura del proletariado** el cual –con la paulatina desaparición de las **clases sociales**– se irá extinguiendo, para entrar en la fase comunista. De todas formas, estos planteos son muy generales, ya que Marx dijo alguna vez: "No soy el cocinero que provee las recetas del porvenir".

Socialismo científico (Karl Marx y Friedrich Engels): Conjunto de postulados del **marxismo** o **materialismo histórico**, planteado como superación del **socialismo utópico**.

Socialismo de Estado: Forma de **estatismo** que busca reducir las desigualdades sociales por medio de la **nacionalización de los medios de producción**. Se diferencia del **socialismo marxista** en que éste lucha por la desaparición del **Estado**, y de la **socialdemocracia**, en que ésta –si bien es partidaria de un Estado fuerte– sostiene también la necesidad de la existencia del **mercado**.

Socialismo en un solo país (Joseph Stalin): Modelo que se llevó adelante en la **U.R.S.S.** a partir de la llegada al **poder** de J. **Stalin**, consistente en concentrar las fuerzas en organizar el **socialismo** al interior del país, en contraposición al planteo **marxista, leninista** y **trotskista** de extender la **revolución socialista** a todas partes del mundo (a riesgo de aislar a la **Revolución Rusa** de no hacerlo). Dado que **Marx** había planteado el carácter internacional de la **lucha de clases** y del enfrentamiento entre el **capitalismo** y el **socialismo**, el SEUSP acabó por trabar el desarrollo de las **fuerzas productivas** y por estrangular la **dictadura del proletariado** en la U.R.S.S., fortaleciendo a una **burocracia** estatal **nacionalista** encargada de repartir recursos escasos y por ende, privilegiada y despótica. Una de las consecuencias de este planteo fue la disolución del **partido** mundial de los **trabajadores** -la **Internacional Comunista** o **Tercera Internacional**- fundado por **Lenin** en 1919. (Ver también **stalinismo**).

Socialismo libertario: Ver **anarquismo**.

Socialismo nacional: Postura que plantea la posibilidad de construir un modelo de **sociedad socialista** bajo los marcos y características nacionales. Aunque el SN fue impulsado por sectores críticos del **stalinismo** (por ejemplo, Jorge A. **Ramos** en la

Argentina), su hostilidad a la construcción de una organización internacional de **trabajadores** es común. De hecho, en América Latina el acercamiento de este tipo de organizaciones hacia la **burguesía nacional** (en la **Argentina**, hacia el **peronismo**) ha coincidido con la estrategia de los **partidos comunistas** orientados por el stalinismo.

Socialismo real: Ver **stalinismo**.

Socialismo utópico (Karl Marx, 1848): Término acuñado por Blanqui y adoptado por **Marx** para contraponerlo con su propia **doctrina**, el **socialismo científico**. Para Marx, pertenecían al SU los **socialistas** franceses e ingleses–como el conde Claudio Enrique de **Saint-Simon** o Robert **Owen**– que querían llegar a una **sociedad** socialista sin una **revolución** contra el **capitalismo**, a través de reformas. En el fondo, confiaban en que las banderas de libertad, igualdad y fraternidad eran posibles bajo un capitalismo "limado" de sus peores aspectos, poniendo el énfasis en una **distribución** más equitativa y **ética** de la riqueza y en la búsqueda de atenuantes a los excesos producidos por la **industrialización**. Como más adelante sucedería con la **socialdemocracia** (ver), Marx procuró demostrar la **utopía** de pretender cambiar la sociedad sin impulsar la **lucha de clases** o negando la vía revolucionaria. El SU sentará antecedentes para el posterior desarrollo del **cooperativismo** (ver).

Sociedad civil: Para el *iusnaturalismo*, la SC se contrapone a la **sociedad** natural (**estado de naturaleza**) y se identifica con la **sociedad política** (el **Estado**). Los hombres firman un **contrato** por el que pasan del estado de naturaleza a la SC (aunque en **Rousseau** SC es sinónimo de sociedad civilizada pero no de sociedad política).

En **Hegel**, la SC es la unión de los **individuos** en una universalidad formal, transición entre la forma primitiva (la familia)
y la forma ultima del **"espíritu objetivo"**,
que es el Estado. La SC tiene características del Estado pero no es aún el Estado,
porque le falta la organicidad. Para **Marx**,
SC es sinónimo de la sociedad burguesa
y se ubica en la **estructura** material dife-
renciándose de la **sociedad política** y el
Estado, ubicados en la **superestructura** y
a las que la SC condiciona. **Bobbio** sostiene que la SC burguesa descripta por
Marx equivale al estado de naturaleza
hobbesiano (**guerra de todos contra todos**). En **Gramsci**, la SC es diferente al
Estado (igual que en Marx), pero no está
en la estructura económica (como para
Marx) sino en la superestructura, la que
se divide en SC (organismos encargados
de la **hegemonía o consenso**) y sociedad
política o Estado (organismos encargados de la **dominación o coerción**). Así, en
Gramsci la SC es el conjunto de organismos privados que corresponden a la función hegemónica que ejercen los sectores
dominantes en toda sociedad (creación
de consenso) y constituye la base ideológica de la dominación del Estado. En
la SC están las **instituciones** no estatales
ni económicas que generan consenso: la
escuela, los **medios de comunicación**, la
Iglesia, las **ONG´s**, etc, normalmente funcionales a los intereses de la **clase dominante**.

Sociedad disciplinaria (Michel Foucault):
Descripción de la **sociedad** de los siglos
XVIII, XIX y especialmente del siglo XX:
la sociedad que impone la **disciplina** y el
control a los **individuos** en cada uno de
los lugares de encierro de esa sociedad:
la **familia**, la escuela, la **fábrica**, el cuartel,
el hospital y, el modelo de todos ellos: la

cárcel, el lugar destinado a los transgreso-
res del "pacto social", a los que cometen
delitos, dañando a la sociedad. El proyecto
de la SD es el de someter a los individuos
para convertirlos en **fuerzas productivas**.

Sociedad panóptica: Ver **panóptico**.

Sociedad política (Antonio Gramsci): En
la **teoría** gramsciana, la SP es el **Estado**,
aparato coercitivo destinado a hacer que
las **masas** cumplan los dictados del **poder** y que es controlado por personal es-
pecializado (la **burocracia**). Corresponde
a la esfera de la **dominación** a través de
la **coerción**, en oposición a la **sociedad civil**, que se caracteriza especialmente por
el **consenso**.

Sociedad pretoriana: Ver **pretorianismo**.

***Soviets* (Rusia, principios del siglo XX):**
Asambleas de delegados **obreros, campesinos** y soldados donde se ejercía la **democracia directa**. Los *S* –surgidos en 1905
y llamados en otros países **consejos obreros**– se constituyeron en organismos de
doble poder y fueron claves en la **Revolución Rusa**. Cuando el **stalinismo** se apo-
deró del control del **Estado obrero**, los di-
solvió. El término pasó a denominar con
posterioridad a las **cámaras** legislativas de
la **U.R.S.S.**

***Spoils System*:** Voz inglesa que significa
"**sistema de los despojos**". El *SS* se produce cuando un **partido** gana las **elecciones**, pone en los cargos burocráticos a sus
adictos y saca a la **burocracia** anterior. Por
ejemplo, el *SS* permitía al **Presidente** de
EE.UU. designar entre trescientos y cuatro-
cientos mil cargos. De este modo, evita-
ba el desarrollo de **funcionarios** de carrera,
quedando la administración en manos de

aficionados y favoreciendo la **corrupción** y el despilfarro.

Stalinismo (U.R.S.S., 1925-1991): Conjunto de planteos y prácticas políticas de Joseph **Stalin** y sus sucesores. El S surgió como un movimiento anti-comunista dentro de la **revolución comunista** producida en **Rusia** en 1917. Con la muerte de **Lenin**, Stalin –manteniendo un lenguaje y una fraseología propias del **marxismo**, pero renegando en los hechos de él– logró desplazar de la conducción del **partido** y del **Estado** a sus opositores –en particular a León **Trotsky**– e impuso una feroz **dictadura** burocrática que barrió con los *soviets* –la base de la **dictadura del proletariado**– defendiendo la **teoría nacionalista** del **socialismo en un solo país** en oposición a la revolución **socialista** internacional. Precisamente, la **tesis** del socialismo en un solo país sirvió como base del enquistamiento en el **Estado obrero** de una **burocracia**.

Sublema: En el **sistema electoral** de **ley de lemas**, los S están representados en boletas electorales independientes, con candidatos propios, pero que –al formar un **lema** en común– se suman entre sí favoreciendo al S más votado.

Subpoder: Ver **poder capilar**.

Subsistemas: Partes de un **sistema** más amplio. En **Ciencia Política** se lo utiliza para designar a las partes del **sistema político** (por ejemplo, el **Parlamento**).

Subversión: Acción **política** que amenaza la seguridad de un **Estado** porque busca subvertir –en parte o en todo– el orden establecido.

Sufragio: **Voto** ejercido por el cuerpo electoral para elegir representantes u opinar sobre alguna cuestión **política**. A lo largo de la **historia** se han sucedido diversas formas características del S: **electoral** o **no electoral**, **universal** o **calificado** (o **censitario**), obligatorio y optativo, etc.

Sufragio calificado: **Voto** limitado a un grupo de **ciudadanos** que tienen cierto **poder** económico, social o cultural del que carece la mayoría de la **población**. Importante hasta comienzos del siglo XX, ya ha dejado de existir prácticamente en todo el mundo.

Sufragio censitario: **Voto** que sólo puede ser ejercido por los **ciudadanos** que contribuyen con un mínimo de **dinero** al **fisco**, contribuciones denominadas "censos". El SC excluye de la posibilidad del voto a la mayoría de la **población** permitiendo ejercer el **derecho** sólo a una minoría de propietarios y ricos, aunque también puede imponer otros criterios como el nivel de instrucción, el sexo o la **raza**. Prácticamente ya no existe en ningún lugar del mundo, pero fue importante hasta principios del siglo XX.

Sufragio electoral: **Voto** con el que se eligen cargos. Opuesto: **sufragio no electoral**.

Sufragio no electoral: **Voto** con el que no se eligen cargos sino que se opina sobre algún tema. Por ejemplo, **plebiscito** o *referéndum*. Opuesto: **sufragio electoral**.

Sufragio universal: **Voto** de toda la **población** mayor de edad, sin discriminación de **raza**, sexo, ideas o **religión**. El SU se generalizó en el mundo a lo largo del siglo XX.

Sufragistas: Denominación de los partidarios del **voto** femenino en aquellos lugares donde éste no esté aún aceptado. Históricamente, el término refiere a los S del siglo XIX y principios del siglo XX en **Gran Bretaña** y **EE.UU.** En Gran Bretaña, las *suffragettes* surgieron en 1865 encabezadas por un hombre, R. Pankhurst, cuya mujer e hija siguieron la lucha tras su muerte, hasta que en 1928 obtuvieron el voto femenino. En EE.UU. las S aparecieron en 1869 y el voto de la mujer data de 1920.

Sultanismo: Régimen político autocrático y tradicional basado en el **poder** absoluto de un **líder**, sin límite alguno, incluyendo **métodos** de **terror**. El personal de **gobierno** es elegido entre amigos o familiares del líder. El S carece de un **partido** único o de un **ejército** disciplinado que lo apoye. Para Linz, el S combina rasgos de **totalitarismo** (liderazgo e **ideología** fuertes) y **autoritarismo** (se tolera cierto **pluralismo** social y político).

Summa Theologica (Santo Tomás de Aquino, 1265): Obra fundamental del **tomismo** en la que Tomás de **Aquino** expone las cuatro características definitorias de la **ley**: racional, perteneciente al **bien común**, creada por la **comunidad** y que requiere de su **promulgación** para que sea conocida por todos. La Ley Eterna es un plan eterno de Dios, la Ley Divina es la que guía al hombre a su fin último sobrenatural, la Ley Natural es la Ley Eterna destinada al hombre como ser libre y racional y la Ley Humana –el **derecho positivo**– es la creada por el legislador como derivación de la Ley Natural.

Superestructura (Karl Marx): Conjunto de las **instituciones** e ideas **políticas**, ideológicas, jurídicas, religiosas, estéticas y morales de una **sociedad**, que está determinado materialmente por la **estructura** –sobre la cual, a su vez, reactúa–. Pertenecen a la SE el **Estado**, los **medios de comunicación**, las **teorías** científicas y políticas, los **partidos políticos**, la **Iglesia**, la justicia, etc. Por una parte, tenemos una SE jurídico-política, donde el Estado ejerce el uso de la violencia y la **coerción** en beneficio de la **clase dominante**. Por ejemplo, reprimiendo una manifestación de **trabajadores** –la SE **política** actuando directamente– o cuando las **leyes** hablan de que el contrato de trabajo es equivalente: el capitalista le paga al **obrero** un **salario** por su trabajo y todo parece igualitario (**Marx** expondrá sobre esto su teoría de la plusvalía). Es un ejemplo de cómo opera la SE jurídica. Junto con la SE jurídico-política, aparece una SE ideológica: son **instituciones** y sujetos dedicados especialmente a difundir el pensamiento y la visión del mundo –la **ideología**– que le interesa a la clase dominante, con la finalidad de preservar el orden social dominante. Por ejemplo, el patriotismo –que se basa en sentimientos genuinos de pertenencia a un lugar y a una historia común– puede ser usado para unir bajo la misma bandera a explotadores y explotados: "somos todos argentinos", dirá la ideología dominante. Pero algunos "argentinos" tienen yates de lujo, grandes empresas, **bancos**, canales de televisión, miles de millones de dólares. Y otros "argentinos" no tienen nada o casi nada. Marx sostiene que quienes producen la riqueza de un país son éstos y no aquellos. En la SE, entonces, existen dos modos de **dominación**: a través de la búsqueda de **consenso** y por medio de la coerción (en un lenguaje coloquial podríamos decir: "por las buenas y por las malas"). El objetivo del **marxismo** es destruir la SE y la estructura del **capitalismo** e impulsar transformaciones revolucionarias en todos los terrenos.

Supranacional: Aquello que está *por encima* de las relaciones entre las **naciones**. Por ejemplo, se habla de que los actuales flujos de **capital** en el marco de la **globalización** tiene un carácter S. Se distingue, en este sentido, de lo que es internacional, que refiere a las relaciones que se dan *entre* las naciones.

Supuestos de la estatidad: Ver **atributos de la estatidad.**

T

Tecnocracia: Gobierno orientado o controlado por especialistas o expertos de la **ciencia** y la **tecnología.** Por lo general, se lo utiliza despectivamente para señalar una visión técnica y economicista que desprecia consideraciones de otro tipo (por ejemplo, las consecuencias sociales y ecológicas de la decisión tecnocrática de instalar una planta de **fertilizantes** en una zona poblada por **familias**).

Teocracia: Gobierno de los sacerdotes o jerarquías religiosas de un país o bien del **poder** temporal considerado como emanado de los dioses. Entre otros, fueron gobernados por T los **egipcios** y los **mayas,** siendo en la **Edad Media** uno de los **regímenes políticos** predominantes (a lo que se opuso el **cesaropapismo**), declinando hacia el siglo XVI con el surgimiento de los **Estados** nacionales.

Teoría de la elección racional (Mancur Olson): Considerada una variante del **conductismo,** al que incorpora a la **economía,** su interés se desplazó desde la **teoría de la democracia** en sí a temas como la **competencia** entre los **partidos políticos,** las

motivaciones del **voto,** las decisiones que se toman en las comisiones parlamentarias, etc. Con influencia de los **neoclásicos,** la TER tiene dos presupuestos: el **individualismo metodológico** –por el cual se explican desde las **acciones** individuales hasta las **conductas políticas** colectivas– y la maximización de la utilidad individual (cálculo para lograr el mayor **beneficio** posible). Los hechos sociales y políticos son explicados por la TER como la consecuencia de conductas egoístas (**racionalidad instrumental**) y de la elección del consumidor en el **mercado** político. Su repercusión se limita a EE.UU., sobre todo en la década de 1980 durante el **auge** las políticas **neoliberales.**

Teoría de las *élites*: Ver **teoría elitista.**

Teoría de sistemas (David Easton, EE.UU., década de 1950): Corriente de la **Ciencia Política** heredera del **conductismo,** que buscó dar una **teoría** común y un **lenguaje** único a los estudios **empíricos** de la **política.** Con el fin de dar mayor especificidad a la Ciencia Política, la TS reemplazó la noción de **Estado** -muy ligada al **derecho**- por la de **sistema político,** entendido como el conjunto de interrelaciones que explican el **fenómeno** político. Tomando como base la **teoría general de sistemas** de L. von Bertalanffy, la pregunta clave de la TS es ¿cómo hacen los sistemas políticos para mantenerse frente al cambio permanente? La respuesta es que los sistemas políticos persisten en el cambio a través del *feedback* –la clave de su equilibrio dinámico- esto es, la adaptación a los cambios, ya sea para mantener el **estado de cosas** normal o para alterarlo. La política será entendida como la "asignación autoritativa de **valores**" que resulta de la interacción en el sistema y no ya sinónimo de **ley, insti-**

tución o Estado. Finalmente, la TS ve a la vida política como un sistema de **conductas**. Uno de los puntos débiles de la teoría de Easton es que pone demasiado énfasis en los *inputs* (las **demandas** del **ambiente** social), subestimando el papel de los *outputs* (las decisiones políticas), lo cual no contribuye a explicar los cambios que se producen.

Teoría del contrato social: Ver **contractualismo**.

Teoría económica de la democracia (Anthony Downs, 1957): Corriente que centra su análisis en el *homo economicus* del **utilitarismo**: es el egoísmo del **individuo** y no la solidaridad social (el *zoon politikon* de **Aristóteles**) la guía de la conducta del **ciudadano**. Para la TED, la función del **gobierno** no es lograr el **bien común**, ya que la lógica del gobierno es la misma que la del **mercado**. Así, un **partido político** es un grupo de **individuos** que busca lograr cargos para obtener **dinero, prestigio y poder**. El cálculo racional en la política es el equivalente de la **eficiencia** económica: no se trata de ciudadanos solidarios sino de **individuos** que buscan el máximo **beneficio** al menor **costo**. El gobernante es como un **empresario** que "vende" **políticas públicas** a cambio del **voto**. Sus críticos sostienen que este **modelo** político lleva a la **apatía** del ciudadano y a la llamada **paradoja del votante** (ver).

Teoría elitista: Teoría que plantea que la **soberanía** popular no puede realizarse, pues todo **régimen político** es el **gobierno** de una minoría de personas, la clase política que detenta el **poder** efectivo. El único gobierno posible es la **oligarquía**, más allá de matices más o menos democráticos. Para Mosca, en toda sociedad existen dos clases de personas: la de gobernantes y la de gobernados. Para **Pareto**, siempre hay una clase superior que detenta el poder político y económico, a la que llamó "aristocracia" o "*élite*".

Teoría empírica de la democracia: Ver **Teoría pluralista de la democracia**.

Teoría marxista del Estado: Si bien el **marxismo** en su conjunto plantea la relación existente entre el **Estado** (ver) y la **clase dominante**, Gold, Lo y Wright encuentran distintos matices. Así, la **teoría** instrumentalista (R. Miliband) centraliza el análisis en las relaciones o lazos personales entre la clase dominante y el Estado: éste es un instrumento que la **burguesía** administra directamente. La teoría **estructuralista** (L. **Althusser** y N. **Poulantzas**), por su parte, se concentra en la forma en que las contradicciones estructurales del **capitalismo** determinan la **política** del Estado: éste garantiza las condiciones generales de la **acumulación de capital**. Y la teoría hegeliano-marxista privilegia el papel de la **conciencia** y la **ideología** de las **clases sociales**. Allí el Estado es visto como la **institución** especializada en difundir las ideas de la clase dominante.

Teoría participativa de la democracia: **Teoría de la democracia** que plantea como **valor** central la participación, para contrarrestar la tendencia a la oligarquización del **sistema político**. Con influencias de la teoría **política** clásica, la TPD sostiene que un sistema político más participativo es necesario para la existencia de una **sociedad** más equitativa. (Ver también **participación política**).

Teoría pluralista de la democracia: Teoría de la **democracia** surgida en los **EE.UU.** en la década de 1940, basada en tres principios: autoridad limitada, **equilibrio de poderes** y **pluralismo** político. En la TPD no hay ningún **grupo** con un **poder** desproporcionado en relación con los otros grupos, de modo que la **"poliarquía"** (varios grupos) es la garantía de la democraticidad. En vez de un único centro de **poder soberano** hay muchos, lo cual obliga a la negociación y evita el **autoritarismo**. Además, se asegura **consenso** social y los conflictos sociales se resuelven pacíficamente. Si para **Schumpeter** lo que importa es la competencia entre *élites en* las **elecciones**, para R. Dahl y C. Lindblom importa la competencia *entre élite*s sobre problemas acaecidos entre las elecciones. El **modelo** básico de la TPD es la democracia norteamericana.

Teoría sistémica: Ver **teoría de sistemas**.

Terror: Estrategia **política** basada en la amenaza constante del uso de **métodos** violentos u otros males sobre las personas o sus pertenencias, con el fin de provocar pánico e inseguridad y asegurar la dominación de unos sobre otros o debilitar a un enemigo.

Terrorismo (1789 →): Utilización de la violencia con fines políticos, en general para generar caos y desestabilizar el orden político imperante. El término se utilizó por primera vez durante las ejecuciones **políticas** producidas en el marco **Revolución Francesa** ("período del Terror").

Terrorismo de Estado: Planificación estatal represiva que incluye asesinatos, torturas y secuestros, con el objeto de perseguir a los opositores políticos.

Tipo de dominación legítima carismática (Max Weber): Dominación que se basa en características personales de un **individuo** (heroísmo, santidad, ejemplaridad, etc) y en la aceptación de las órdenes creadas o reveladas por ese individuo (autoridad carismática). Implica una relación entre un **líder** que posee cualidades extraordinarias (**carisma**) con importantes **masas** humanas, en una situación excepcional –sólo de vez en cuando–. Quienes obedecen (los súbditos) no lo hacen por **tradición** –porque justamente la relación carismática rompe con toda la tradición anterior a su aparición– ni por un orden de **leyes** impersonal, sino a la persona del **líder carismático**. Es una relación de obediencia basada en lo afectivo, en lo emotivo. El líder es considerado como un héroe, lo cual debe ser demostrado permanentemente.

Tipo de dominación legítima racional-legal (Max Weber): Dominación que se basa en la creencia en la **legitimidad** de lo legalmente estatuido y en la aceptación del mando ejercido por aquellos a quienes los mandatos estatuidos señalan como detentores de la **autoridad** (autoridad legal). Ejemplo: acatar la **Constitución** Nacional.

Tipo de dominación legítima tradicional (Max Weber): Dominación que se basa en la creencia cotidiana en la santidad de las **tradiciones** y en la **legitimidad** de aquellos señalados por esas tradiciones para ejercer la **autoridad** (autoridad tradicional). Ejemplo: acatar los mandatos bíblicos.

Tipo de Estado: Estado vinculado con un **modo de producción** específico. Así, hay un TE **capitalista**, **esclavista**, **feudal**, etc. Un mismo TE puede presentarse bajo diferentes **formas de Estado** (ver). El **concepto** es utilizado, entre otros, por Nicos **Poulantzas**.

Tipo de régimen: Formas concretas que asume una **forma de Estado**, es decir, las **instituciones** que en ella se desenvuelven. Así, podemos tener un TR **fascista, bonapartista, parlamentarista**. (Ver también **régimen político**).

Tipos de dominación (Max Weber): Construcción típico-ideal que sirve para explicar los fundamentos sobre los que se basa la **legitimidad** y la obediencia. Weber distingue tres **TD legítima** básicos: **tradicional, carismática** y **racional-legal** (ver).

Tipos ideales: Método que consiste en abstraer **regularidades** típicas sintetizadas en un **modelo** que nunca es encontrado puro en la realidad concreta pero que constituye un instrumento analítico útil para comprenderla. También se los puede definir como abstracciones simplificadas de la realidad que remarcan ciertas características de un **fenómeno**, desechando aspectos secundarios. Los **datos empíricos** se comparan con el TI, observando sus similitudes y diferencias. Ejemplo: los **TI de dominación legítima** de Max **Weber**.

Tiranía: Gobierno ilegal en el que el **poder** es manejado por un solo hombre de modo arbitrario e ilegítimo, en su propio interés y que es hostil a los intereses de los gobernados. La T se basa en el temor como principio de la **acción**, es decir, el temor del dominador al **pueblo** y el temor del pueblo al dominador.

Tiranía (Aristóteles): Gobierno arbitrario de una persona, deformación de la **monarquía**. Es una de las tres formas impuras o deformadas de gobierno, junto con la **oligarquía** y la **democracia**.

Tiranía de la mayoría (Alexis de Tocquevi-
lle): Situación planteada cuando una mayoría ejerce un **poder despótico** contra una minoría. La advertencia de **Tocqueville** fue realizada en el siglo XIX, en momentos en que los sectores populares reclamaban una ampliación del **sistema político** hasta entonces en manos de unos pocos. Llamada también **despotismo de la mayoría**.

Tocqueville, Alexis Henri-Clérel de (1805-1859): Político y escritor francés, fue el difusor de la experiencia de la independencia norteamericana en Europa, destacando la igualdad de oportunidades y legal, basadas en la descentralización **política: autonomía federal, democracia** en la **vida cotidiana**, acceso a la **tierra**. Influido por **Montesquieu**, T destacó las ventajas de una alta **participación política** regulada por una **Constitución**. En su visión, el **municipio** es el ámbito de participación y **bien común**. Se opuso, sin embargo, a lo que denominó la **"tiranía de la mayoría"**. Formó parte de la oposición al **gobierno de Napoleón III**. Entre sus obras principales encontramos a: *La democracia en América* (1835).

Tomismo (siglo XIII →): La doctrina de **Santo Tomás de Aquino** y sus discípulos, centrada en la **escolástica**. Entre sus principales representantes contemporáneos encontramos a J. **Maritain**.

Totalitarismo: Régimen político basado en la existencia de una **ideología** oficial, un **partido único** manejado y diseñado por un **dictador**, un **sistema** policial que impone el **terror**, un control férreo sobre todos los **medios masivos de comunicación** con una exacerbación de la propaganda, una exaltación del patriotismo, un **monopolio** absoluto sobre el manejo de las armas de la **Nación** y el po-

der de intervención de la **economía** de un país. A diferencia del **despotismo** de la **Antigüedad**, que sólo exigía una obediencia pasiva, en el T moderno se busca una participación **política** y un apoyo activo al régimen (junto con el aniquilamiento moral y psicológico de las víctimas), y la subordinación del **individuo** al **Estado**. La utilización de la **tecnología** y la búsqueda de **legitimidad** distinguen también al T de formas de **dominación** similares como la **tiranía** o el **absolutismo**. Por otra parte, K. Loewenstein sostiene que –a diferencia del **autoritarismo**– el T refiere a un control estatal sobre la vida privada de las personas más que limitarse a un ejercicio dictatorial del **aparato de Estado**. Su fin es modelar la vida personal y el espíritu de los destinatarios del **poder**, mediante una ideología dominante. En efecto, su pretensión de dominio es "total". H. **Arendt** considera que el objetivo del T es una nueva forma de **gobierno** que convierte a los hombres en autómatas quitándoles su libertad política, social y cultural. Esto se logra a través de dos mecanismos: el terror y la ideología (propaganda y adoctrinamiento). Arendt adjudica al **imperialismo** el haber incorporado el criterio de **eficiencia**, obediencia, servilismo y cumplimiento de los medios por encima de los fines, como característico del T: la orden debe cumplirse, sea ésta construir un camino o enviar gente a la cámara de gas. Para Linz, los rasgos esenciales del T son: la ausencia de todo tipo de **pluralismo** o centro de poder por fuera del grupo gobernante, una **ideología** elaborada, liderazgo ilimitado y movilización de las **masas** en pos del apoyo al régimen. Ejemplos: la **Alemania nazi** y el **stalinismo** (aunque algunos autores identifican al T con el **comunismo** en general, el concepto no parece apropiado más que para la experiencia **soviética** post-leninista), siendo extensible con ciertos recaudos a diversas **dictaduras** –entre ellas las latinoamericanas de las décadas del ´70 y del ´80 del siglo XX–.

Transición: Período que abarca desde la **crisis** de un **régimen político** hasta la constitución de uno nuevo. O´Donnell y Schmitter la definen como al intervalo entre un régimen político y otro. Lo que caracteriza a la T es la indefinición de las reglas del juego político; justamente, los **actores sociales** disputan entre sí por establecerlas. La T puede ir tanto desde un régimen autoritario a uno democrático (ver **transición a la democracia**) como a la inversa (ver **quiebra de las democracias**). (Ver también **cambio político, modernización política, desarrollo político** y **reforma política**).

Transición a la democracia: Según la **Ciencia Política, proceso** político que media entre un **régimen político autoritario** y un régimen democrático. Leonardo Morlino divide la TAD en dos momentos: a) **liberalización** (aflojamiento del **autoritarismo**), donde se redefinen y amplían ciertos derechos políticos y civiles, con apoyo de la **élite** y limitada participación de las **masas** y, b) **democratización**, donde la ampliación se hace total: **sufragio**, libre información, **sistema de partidos, elecciones, pluralismo**, surgimiento de **grupos de interés**, fijación de relaciones entre el **Poder Legislativo** y el **Poder Ejecutivo**, etc. La situación de la TAD es aquella en que los conflictos tienden a resolverse por medio de reglas pacíficas aceptadas por la mayoría y define al momento en que se establecen qué **instituciones** jurídico-políticas regirán en adelante: **sistemas electorales**, tipo de régimen político (**parlamentarismo, presi-**

dencialismo, **semipresidencialismo**, etc), tipo de **Estado** (**federal** o **unitario**), etc. Linz distingue entre democratización en el sentido fundacional (países donde se instaura la **democracia** por primera vez) y la redemocratización (que se produce en países donde ya existió democracia en el pasado). La TAD en América Latina en la década de 1980 se produjo en el marco de profundas **crisis económicas, subdesarrollo y pobreza**, lo que hizo más dificultosa la **consolidación de la democracia** y fortaleció a fuertes liderazgos presidencialistas, demostrando que no basta con elecciones libres y nuevas instituciones para obtener una democracia estable, fuerte y con **consenso**.

Transición democrática: Ver **transición a la democracia**.

Transición política: Ver **transición y transición a la democracia**.

Transnacionalización (1945 →): Expansión mundial de las **empresas transnacionales**. El **proceso** implicó un relativo despegue de los **capitales** con respecto a su origen nacional. La T aumentó considerablemente durante la **Segunda Posguerra** y continuó hasta la mitad de la década de 1970. Luego surgió el **concepto de globalización**, que es hoy el más utilizado.

Trotskismo (U.R.S.S., 1922 →): Corriente política **marxista** fundado por León **Trotsky**, líder –junto con **Lenin**– de la **Revolución Rusa** de 1917. Su **tesis** fundamental es que la **revolución socialista** tiene un carácter permanente e internacional (de allí surge el concepto de "**revolución permanente**" y la necesidad de constituir un **partido obrero** internacional). El T apareció como la oposición más importante contra el **stalinismo**, siendo ferozmente perseguido por éste. El T defendió la continuación del rumbo **comunista** de la **Revolución de Octubre** y denunció los desvíos de **Stalin**. Así, desde la **Oposición de Izquierda**, el T enfrentó la burocratización del **Estado obrero** (formación de una **burocracia** parasitaria y **conservadora**), la destrucción de los *soviets*, el abandono del objetivo de la revolución **socialista** a nivel internacional (**socialismo en un solo país**) y la **colectivización forzada** del campo. Convertido en el enemigo a vencer, Trotsky fue expulsado del **PCUS** primero y de la **U.R.S.S.** después, para terminar siendo asesinado por un agente de Stalin en 1940 en **México**. En relación con los países coloniales y semicoloniales, el T afirma que la llamada **burguesía nacional** es incapaz de luchar en forma consecuente por la independencia nacional prefiriendo pactar con los **latifundistas** y el **imperialismo** y someterse a ellos antes que impulsar un **proceso de liberación nacional** que pudiera ser aprovechado por la **clase obrera** para desatar una revolución contra el **capitalismo**. Según el T, sólo el **proletariado** y su partido pueden llevar a cabo las tareas nacionales (independencia del país) y democráticas en un proceso que debe derivar en la **dictadura del proletariado** y la revolución socialista. En 1938 Trotsky creó la **Cuarta Internacional**. El movimiento trotskista ha tenido –desde la muerte de su líder– diversas tendencias, por lo general enfrentadas entre sí, pero no ha logrado transformarse en una organización de **masas** salvo en algunos casos –en particular, en Sri Lanka y **Bolivia** en la década de 1950 y parcialmente en **Francia** y **Bolivia**–. Entre los dirigentes más destacados que se han reivindicado del T podemos mencionar al belga Ernest Mandel, al peruano Hugo Blanco y a los argentinos Nahuel **Moreno** y Jorge **Altamira**.

U

Ultraderecha: La U o **extrema derecha** es aquella postura **política** que se caracteriza por una oposición violenta contra el **marxismo** –en primer lugar– y todas las **ideologías** que considera, con matices, variantes de éste –**anarquismo, socialdemocracia, liberalismo**, etc–. Algunos sectores de la U sostienen planteos elitistas y aristocráticos, mientras que otros ponen el acento en el **nacionalismo** *chauvinista*, el **racismo** o el **antisemitismo**, pero todos se oponen a cualquier forma de **democracia**, sea ésta la democracia liberal-parlamentaria o la **democracia obrera**, de tipo soviético, reivindicando el **totalitarismo**. En mayor o menor medida, todos los movimientos de U representan socialmente a los grandes intereses económicos, en particular del gran **capital** industrial nacional, pero no en forma excluyente. El **fascismo** italiano y el **nazismo** alemán son los referentes históricos de todo movimiento que se precie de pertenecer a la U.

Ultraizquierda: La U o **extrema izquierda** es aquella parte de la **izquierda** que rechaza tanto las posiciones de la **izquierda reformista** –**parlamentarismo**, cambios graduales– como las de la **izquierda revolucionaria** clásica vinculada al **marxismo**, al **leninismo** y/o al **trotskismo** –en particular, la necesidad de construir un **partido obrero** de **masas** con un paciente trabajo de persuasión–. La U puede reivindicarse marxista, pero apela a métodos petardistas, **foquistas** o de **terrorismo** individual, alejados de un vínculo cotidiano con las masas a las que dice o pretende representar. Así, algunos grupos que se reivindican **maoístas** –como el peruano **Sendero Luminoso**–, determinados sectores que manifiestan ser trotskistas pero impulsan una política sectaria hacia el **movimiento obrero** real, o buena parte de los grupos **anarquistas**, pueden ser ubicados en la U. **Lenin** escribió *El izquierdismo, enfermedad infantil del* **comunismo** (1920) para referirse a aquellos grupos que pretenden hacer la **revolución**, no con las masas, sino en reemplazo de ellas.

Unicameralismo: Modelo parlamentario dotado de una única **cámara** legislativa. Sus defensores argumentan que simplifica el trabajo legislativo. Ejemplos: **Israel**, Dinamarca, Costa Rica, Guatemala y Nueva Zelanda.

Unipartidismo: Régimen político con un único **partido político** legalmente admitido (ver también **partido único**).

Unitarismo: Forma de organización **política** donde el **gobierno** y el **poder** se centralizan territorialmente, sin que existan autoridades locales autónomas. En el U no existen provincias ni Estados que puedan darse sus propias **normas** y las regiones o distritos son meras divisiones administrativas del **Estado unitario**, que atienden exclusivamente asuntos locales. Opuesto: **federalismo**.

Utopía (siglos XVI-XVII): (Del griego *utopos*, "lugar que no existe"). Idea que propone una **sociedad** o **estado de cosas** ideales. Con antecedentes en *La* **República** de **Platón**, la U en sí surgió con la obra de T. **Moro** que lleva ese nombre (1516), pero se desarrolló también en otras, como *La ciudad del Sol*, de Tomasso di Campanella (1602) y *La Nueva Atlántida*, de Francis **Bacon** (1621). En el siglo XIX, la idea de la U fue vinculada por **Marx** al pensamiento de una corriente que peyorativamente deno-

minó "**socialismo utópico**". En el siglo XX
aparecieron U negativas, centradas en una
visión pesimista del futuro (por ejemplo,
G. Orwell y A. Huxley). En la actualidad, el
término refiere a toda aspiración a la que
se tiende, pero se sabe de antemano que
es imposible de alcanzar.

V

Veda electoral: Prohibición de hacer campaña electoral en las horas previas a la
realización de un **comicio**.

Verticalismo: Forma jerárquica de **organización**, con una jefatura incuestiona-
da en la cúspide y una base obediente.
El V se da en diferentes organizaciones,
como **partidos políticos, empresas, sindicatos**, etc.

Veto: Derecho legislativo del que en los regímenes **presidencialistas** o **semipresidencialistas** dispone el **Presidente** de la **Nación** o una **corporación** (por ejemplo, los
militares) para rechazar una **ley** aprobada por el **Parlamento** (aunque la insisten-
cia de los dos tercios por parte de éste lo
contrarresta). En los **EE.UU.** es una práctica constante (por ejemplo, **Roosevelt** lo
utilizó más de seiscientas veces). También
existe un V de hecho, cuando algún **grupo** tiene el **poder** no escrito de bloquear
la aprobación de ciertas leyes que afectan sus intereses. En el Consejo de Seguridad de la **ONU** hay cinco países que tienen
un poder de V permanente (EE.UU., **Rusia,
China, Francia** e **Inglaterra**), de modo que
un solo **voto** en contra de alguno de ellos
impide la concreción de alguna medida.

Vía armada: Táctica de lucha que sostie-

ne que para obtener objetivos políticos –
la toma del **poder**, por ejemplo– hay que
apelar a las armas.

Vía pacífica al socialismo: Expresión que
se popularizó con la experiencia del **gobierno** de la **Unidad Popular** en **Chile**, entre 1970 y 1973. La VPAS propugnaba el
tránsito no violento, gradual, del **capitalismo** al **socialismo**, por medio de reformas parlamentarias en el marco de la **democracia burguesa**, afirmando que no se
debían desmontar las **instituciones** fundamentales del **Estado** burgués –el **ejército**
en primer lugar– ni armar al **proletariado**
para no azuzar a los sectores **reacciona-
rios** y evitar un golpe de la **ultraderecha**.
Con esas **tesis**, el gobierno de S. **Allende**
desarmó a los **obreros** organizados en los
cordones industriales y mantuvo la estructura del ejército, nombrando incluso al General A. **Pinochet** a su mando. Defendida
como una alternativa a la toma del **poder**
por medio de la **insurrección** violenta –de
la **clase obrera** para el **leninismo**, de una
guerrilla para el **foquismo**– la VPAS sufrió
una dura derrota con el **golpe de Estado**
llevado a cabo por el propio Pinochet, en
defensa de los intereses dominantes chi-
lenos y extranjeros afectados por algunas
medidas tomadas por Allende (por ejemplo, la **nacionalización** del cobre).

*Vigilar y castigar. El nacimiento de la pri-
sión* (Michel Foucault, 1965): Descripción
del **sistema** carcelario como **modelo de la
sociedad panóptica** y relato de las relaciones de **poder** y la opresión ejercida a partir de los **saberes** y los **discursos** dominantes en las distintas épocas. **Foucault** relata
cómo, si en el siglo XVIII predominaba el
castigo brutal y público, la exhibición de
la tortura y el dolor (por ejemplo, quemar
vivo a quien mató a un **Rey** a la vista de

todo el **pueblo**, a modo de espectáculo), en el siglo XIX se pasará a la vigilancia y el control sistemático de todos y cada uno de los movimientos del prisionero. El encierro rigurosamente controlado pasa a ser el castigo general y único. Lejos de ser la cárcel el lugar para "reformar" al **individuo** y "reinsertarlo" en la sociedad, la prisión sirve para crear al reincidente, evitando que millones de pobres y oprimidos se organicen políticamente, y formando una fuerza de choque para reprimir la organización y las protestas populares (barras bravas, patotas, torturadores, mafias, etc). Además, la existencia de la delincuencia, presta un justificativo para que haya más policías. La idea es que el poder no opera a través de la **represión** o la **ideología**, sino por la **disciplina**, la normalización. Y esto no sólo en la cárcel, sino en cada uno de los espacios sociales: la escuela (el alumno obediente), la **fábrica** (el **"gorila amaestrado"** del **fordismo**), la **familia** (el ama de casa sumisa), etc.

Vinculante: Decisión aprobada por el **pueblo** en una **consulta popular** que debe ser adoptada obligatoriamente por el **Estado**.

Vivir *de* la política (Max Weber): Se trata de los políticos que hacen de la **política** una actividad lucrativa, es decir, una fuente de **ingresos**. Para **Weber**, este tipo de políticos no es el adecuado. Opuesto: **vivir *para* la política**.

Vivir *para* la política (Max Weber): Se trata de los políticos que tienen ambiciones de liderazgo y que no hacen de la **política** su fuente de subsistencia. Es el tipo de político que **Weber** quería para la **Alemania** de principios del siglo XX. Opuesto: **vivir *de* la política**.

Voluntad de la mayoría (John Locke): Representación de los intereses de la mayor parte de los propietarios, únicos en condiciones de firmar el **pacto social**. La VM de **Locke** expresa al período en que en la **política** sólo participaban los **grupos** económicamente poderosos. Cuando las **masas** irrumpieron en la escena política, la VM dejó su lugar a la **voluntad general** de J. J. **Rousseau**.

Voluntad general (Jean J. Rousseau): Suma de los intereses en común que tiene el **pueblo**, superior a los intereses de los **individuos** y **grupos**. Es una de las bases de la **doctrina** de la **soberanía popular** de **Rousseau**.

Voto: Acto de sufragar.

Voto calificado: Ver **sufragio calificado**.

Voto cantado: **Voto** oral, de viva voz.

Voto castigo: **Voto** por un **partido político** con el fin de castigar a otro (que puede ser incluso el partido al que el votante habitualmente adhiere).

Voto censitario: Ver **sufragio censitario**.

Voto consultivo: **Voto** que se realiza para resolver determinada cuestión, de carácter no **vinculante**.

Voto de censura: Ver **moción de censura**.

Voto de confianza: Pronunciamiento de apoyo del **Parlamento** al gobierno, a pedido de éste, que ratifica su **autoridad**. Por lo general el **oficialismo** impulsa un VC como respuesta al pedido de la **oposición** de una **moción de censura**. (Ver también **parlamentarismo**).

Voto de preferencia: Tipo de **sufragio** que da libertad al elector para cambiar las listas que arman los **partidos políticos**. Por ejemplo, en el **sistema** de lista abierta preferencial, cada elector tiene un **voto**, que dará a una lista de candidatos cuyo número sea igual a los cargos a cubrir, pudiendo poner candidatos de varias listas y en el orden que desee.

Voto directo: Tipo de **sufragio** que se produce cuando la designación de los gobernantes es dada por el cuerpo electoral primario.

Voto en blanco: **Sufragio** emitido por el que el elector no escoge por ninguna boleta, dejando el sobre vacío.

Voto femenino: Ver **sufragistas**.

Voto impugnado: **Sufragio** que se objeta cuando las autoridades de mesa sospechan que el elector ha falseado su identidad o porque detectan alguna irregularidad.

Voto indirecto: Tipo de **sufragio** que se produce cuando el cuerpo electoral primario elige a un cuerpo electoral secundario que es el que elige directamente a los gobernantes. Por ejemplo, en **EE.UU.** al **Presidente** de la **Nación** lo elige un **colegio electoral**.

Voto limitado: Ver **lista incompleta**.

Voto nulo: **Sufragio** emitido irregularmente. Algunas de las irregularidades más comunes se dan cuando se vota: con una boleta no oficializada, con papel de cualquier color, con inscripciones de cualquier naturaleza, con dos o más boletas de distintos partidos para una misma categoría de candidatos, con una boleta con roturas insalvables o con objetos extraños, etc.

Voto plurinominal: Tipo de **sufragio** que se produce cuando en una unidad territorial todos o algunos de los cargos electorales son cubiertos por un único cuerpo electoral. Opuesto: **voto uninominal**.

Voto recurrido: **Sufragio** cuya validez o nulidad es cuestionada por algún **fiscal** de un **partido político** presente en la mesa. En ese caso, el sobre del votante, junto con un acta fundamentando el recurso, se introducen en otro sobre que se ingresa en la urna. La junta electoral define con posterioridad si ese **voto** es válido o no.

Voto secreto: **Voto** que preserva la identidad del votante.

Voto uninominal: Tipo de **sufragio** que se produce cuando el **territorio** y el cuerpo electoral se dividen en **circunscripciones**, según los cargos a cubrir.

Voto válido: **Sufragio** emitido con una boleta oficializada.

W

Weber, Max (1864-1920): Sociólogo alemán, férreo impulsor del **Estado** alemán. W observó con preocupación que –si bien los *junkers* eran la base social de la unificación **política** alemana en 1890 liderada por **Bismarck**– el futuro económico del país pasaba por la **industrialización**, a la que los *junkers* –terratenientes de **Prusia** oriental– se oponían. El tema central de su obra se centró en el análisis de las condiciones de la expansión del **capitalismo** industrial en

Alemania, país que durante el siglo XIX –debido a su falta de unificación política y su debilidad industrial– tenía un atraso con respecto a **Inglaterra** y **Francia**. W destacó al **calvinismo** –una de las ramas del **protestantismo**– como la **religión** que favoreció el desarrollo del capitalismo. El objetivo de W era el de desarrollar una conciencia dirigente en la **burguesía** para derrotar a los terratenientes y frenar el desarrollo del ala **izquierda** de la **socialdemocracia** –de base **obrera** e **ideología marxista**–. En lo político, para contrarrestar la tendencia inevitable que observaba en toda organización a la **burocratización** –empezando por el Estado y los **partidos políticos**– W propuso como cabeza del Estado a la figura de un **líder carismático**, elegido y controlado por un **Parlamento** democrático. En el fondo, W era partidario del ala más **conservadora** de la socialdemocracia y postulaba un capitalismo basado en la **conciliación de clases**. Metodológicamente, W es uno de los más importantes pensadores del **comprensivismo**, escuela centrada en la creencia de que la **Sociología** debe tratar de comprender el **significado** que las acciones tienen para el actor. Para W, el **individuo** es el "átomo" de la **sociedad**, ya que todas las entidades colectivas (la **Nación**, el Estado, los partidos políticos) se originan en las acciones de los **individuos**. Estableció también los llamados **tipos ideales de dominación** y los **tipos ideales de acción social**. La sociología weberiana se opone tanto al **positivismo conservador** de Durkheim como al **marxismo revolucionario**, adoptando una postura **reformista** frente al capitalismo. Entre sus obras principales encontramos a: *La ética protestante y el espíritu del capitalismo* (1905) y *Economía y sociedad* (1920).

Welfare State: Ver **Estado de Bienestar**.

Z

Zar: Rey o soberano entre los eslavos, búlgaros, serbios y rusos. De características despóticas, la figura del Z fue adoptada por primera vez por Iván IV en 1547 y desapareció definitivamente con la **Revolución Rusa** de 1917.

Zarismo: Monarquía absoluta. La más célebre fue la del Z ruso, entre 1547 y 1917.

Zoon Politikon **(Aristóteles):** Afirmación sobre el carácter naturalmente político del hombre, definido por **Aristóteles** como un animal político, de naturaleza cívica. Según el filósofo griego, el hombre siempre necesita vivir en **sociedad**, es un ser para la **política**, un ser que existe para los asuntos de la *Polis*. En todos existe el impulso hacia la **comunidad**. De lo contrario, se es una bestia o un Dios.